PSICOPATOLOGÍA
Desde la Mirada de las Escenas Matrices

Weintraub, Mauricio

Psicopatología: Desde la Mirada de las Escenas Matrices / Mauricio Weintraub; edición literaria de Luis Pedro Videla - 1ª ed. Ciudad Autónoma de Buenos Aires: elaleph.com, 2024

248 p.; 21 x 15 cm.

ISBN: 978-987-3990-63-2

1. Psicología. I. Videla, Luis, ed. Lit. II. Título.

CDD 150.1

contacto@elaleph.com http://www.elaleph.com

Para comunicarse con el autor: *info@habitarnos.com.ar*

Primera edición

ISBN 978-987-3990-63-2

Mauricio Weintraub

Psicopatología
Desde la Mirada de las Escenas Matrices

el**aleph**.com

Para Bice, Caro, Carlos y Homero.
Y en ellos, para todos
mis queridos pacientes y alumnos.

De etiquetas, hombres y personas

Acerca de este libro

¿Qué es el nombre de las cosas?
¿Tienen un nombre las cosas?
¿El nombre de las cosas habla de las cosas?

En esta compleja manera que los seres humanos tenemos de conocer, saber y comprender al mundo, caminamos por un filo, por una cornisa.

Esta cornisa divide dos mundos: uno, donde cada cosa es lo que es, pero no se puede nombrar, porque en cuanto se nombra, deja de ser la cosa. El otro, donde existen los nombres y la comprensión lógica, pero no las cosas.

Porque para conocer, es necesario nombrar. Pero si sólo nombramos, conocemos sólo los nombres.

Este dilema se apropió de mí mucho antes de pensar siquiera en ser psicólogo, cuando aún no me permitía pensar en ello, aunque quizás ya existía esta dicotomía. Era, de alguna manera psicólogo, sin tener el nombre.

Empezó ya de niño, sin que yo me diera cuenta, cuando me quedaba pensando, por ejemplo, si el color rojo que yo veía era el mismo color rojo que veía mi amigo o si su color rojo era otro y sólo tenía en común con mi color rojo, justo eso: el *nombre*.

Sin embargo, hubo un momento, a mis veintidós años cuando, cursando el primer año de la carrera de Filosofía, el profesor de la materia Introducción a la Filosofía —el doctor Corti—, entró por primera vez a la clase y dijo, sin más preámbulo:

—Muy buenas tardes. ¿Qué es lo que es?

Y luego, se dedicó durante todo un año a contarnos cómo la filosofía, desde la antigüedad (cinco siglos antes de Cristo) hasta la contemporaneidad (en ese momento, 1993), había intentado responder a esta pregunta.

Mi vivencia de ese año fue de fascinación y asombro.

Allí aprendí, o en realidad no aprendí, sino que comencé a preguntarme, si al nombrar algo estamos viendo a ese algo o al nombre que nosotros le pusimos. Y si, en ese mirar ese nombre, al final nos perdíamos de ese algo que habíamos nombrado.

Durante todo ese año, el doctor Corti nos enseñó o en realidad nos develó cómo, en el afán de conocer, muchas veces el ser humano termina mirando las conclusiones extraídas en lugar de aquello que desea conocer. Es decir, se termina mirando a sí mismo, en lugar de al otro.

«Si conocer es nombrar —decía el doctor Corti— y nombrar es sacar las diferencias —continuaba— cuando finalmente conocemos ¿conocemos a quien deseo conocer o ya no hay ese 'a quien deseo conocer' porque le hemos sacado las diferencias?

»Es decir, cuando veo a Juan y lo llamo *hombre* ¿lo veo a Juan o veo al hombre y lo pierdo a Juan? Porque 'hombre' ¿no es quitar las diferencias que diferencian a todos los hombres y por lo tanto perderme a Juan?»

Así aprendí a dudar de lo que creo conocer. Y aprendí a preguntarme si cada vez que estoy seguro de conocer algo en verdad estoy mirando al otro, o solo miro al nombre que le puse para conocer a ese otro.

Mucho más tarde, allá por 2008, y ya en plena carrera de Psicología, en la materia Psicopatología II, el profesor, psiquiatra y cuyo nombre en verdad no recuerdo (aunque lo recuerdo a él) hizo algo que me dejó atónito (aunque ahora, por el otro lado): Puso un video de una paciente en una consulta con él. La paciente, de unos cincuenta años, padecía una esquizofrenia grave y no podía articular palabra por lo que el video contenía unos cinco minutos en los cuales la paciente balbuceaba algo en absoluto inteligible, aunque angustiante para ella y el doctor, del otro lado de la mesa, le decía cosas como: "¿Y cómo estuvo esta semana?" "Ah, bueno ¿se sintió mejor?", "Sí, perfecto ¿y qué estuvo comiendo?" Y cosas así.

Como digo, la paciente nada podía entender a causa del cuadro que padecía, o, si entendía algo, era en absoluto imposible saber qué le ocurría con eso y el doctor tampoco podía entender nada de lo que ella balbuceaba, pero no podía decir.

Luego de esos cinco interminables minutos, el video finalizó y el doctor/profesor miró a la clase y sólo dijo: «Una esquizofrénica».

La desazón y el desamparo se apoderaron de mí y de la mayoría de nosotros, ya que luego hablamos mucho tiempo con queridas amigas y compañeras de clase acerca de lo que nos había ocurrido.

Estas dos experiencias, contradictorias y opuestas se sumaron a mi natural espíritu cuestionador y fue así como de a poco comencé a pensar cómo hacer para mirar a Juan diagnosticado con esquizofrenia —o trastorno bipolar, o depresión— de una manera que me permitiera entender que Juan padece de esquizofrenia, pero sigue siendo Juan.

Cómo incluir el diagnóstico psicopatológico dentro del trabajo terapéutico sin quedar preso del diagnóstico y sin perder al paciente y a nosotros mismos, ni a nuestra maravillosa profesión de abismal ayuda a Juan.

Este libro es, de alguna manera, el resultado de toda esta encrucijada y constituye, al menos hasta el momento, la manera en la que tomamos la psicopatología desde la Mirada de las Escenas Matrices.

Una manera que no nos deja tranquilos ni del otro lado de la pantalla (como sí le ocurría a mi profesor cuyo nombre no recuerdo), una manera que nos involucra, nos incluye y nos interroga a nosotros mismos sobre nosotros mismos y sobre cómo vincularnos con aquel que, sin ser diferente a mí, tiene un diagnóstico (o podría tenerlo) que en apariencia lo diferencia de mí.

Allí vamos, como el niño que fui, a ver si el rojo que vemos con el paciente es el mismo rojo o, quizá, qué tienen de similar y que tienen de diferente, aunque ambos se llamen igual.

PARTE I

Capítulo I
Las capas geológicas del sujeto a partir de las escenas matrices de la infancia

A DIFERENCIA DE lo que podría pensarse, desde la Mirada de las Escenas Matrices, el cuadro psicopatológico no es lo primero sino, más bien lo último. Es decir, muchas veces es lo que primero vemos en el sujeto, pero, en realidad, el cuadro psicopatológico es el lugar en el cual, lo que le ocurre al sujeto y que no es saludable para él, se ha enquistado de una manera más profunda y compleja de sanar.

En este sentido, el cuadro psicopatológico es la manera que tiene el sujeto de mostrar(se) o de decir(se) lo que le ocurre; la forma más enquistada y anudada. Y ha llegado a ella porque no pudo sanar lo que le ocurre en todas las instancias anteriores.

Como iremos viendo, el cuadro psicopatológico es el entramado familiar no saludable cronificado y perpetuado en el ser y en el psiquismo del sujeto. Es la misma escena una y otra vez repetida dentro del sujeto, tomándolo en cada rincón.

Por ello decimos que el cuadro psicopatológico es la última (o casi última) instancia de una herida que ha recorrido diferentes instancias antes de hacerse cuadro. Estas instancias no son, por supuesto, siempre iguales ni siempre consecutivas y, no se dan en todos los sujetos de la misma manera. Sin embargo, y más allá de las diferencias mencionadas antes, el cuadro psicopatológico suele venir después o, en realidad, al final de una serie de características o estamentos en donde se ve la herida del sujeto en diferentes profundidades.

A estas diferentes profundidades las hemos llamado Capas Geológicas, las capas geológicas que se van armando en el sujeto a partir de las Escenas Matrices no sanadas de su infancia.

Y es justo por aquí por donde ingresaremos a nuestra Psicopatología; por el recorrido, de lo más superficial a lo más profundo, de estas Capas Geológicas.

Como hemos señalado[1] una Escena Matriz es una escena de la Infancia (es decir, desde la gestación hasta los 22 o 23 años) de un sujeto en la que se encuentra este Nene/a en su relación con sus Padres.

En este sentido, dividimos las Escenas Matrices en dos grandes grupos: Las Escenas Matrices Saludables y las Escenas Matrices No Saludables[2].

---

[1] WEINTRAUB, Mauricio (2022). *Sanando al niño que fui*. Ed. El Aleph, Buenos Aires.

[2] Como hemos señalado en *Sanando al Niño que Fui*, hay dos tipos de Escenas Matrices: Aquellas en las que el Nene/a ha sido mirado en profundidad (llamadas también las **Escenas Saludables** o que Posibilitan el Crecimiento) y aquellas en las que el Nene/a no ha sido mirado en profundidad (llamadas también **Escenas No Saludables** o que Detienen el Crecimiento). A partir de aquí siempre que hablemos sólo de *Escenas Matrices* nos estaremos refiriendo a estas últimas.

Lógicamente, son estas últimas las que ocasionan todo el recorrido que, al final se enquistará y se hará cuadro psicopatológico. Por lo tanto, sólo a estas Escenas Matrices No Saludables nos referiremos.

Por ello ¿Qué ocurre en un sujeto cuando se da una Escena Matriz No Saludable? Y, además ¿Qué ocurre en el sujeto ya adulto cuando esta Escena Matriz no es sanada?

A continuación, nos introduciremos en la comprensión acerca de cómo se da el armado del psiquismo de un sujeto a partir de una Escena Matriz (de las llamadas No Saludables), intentando ver capa por capa qué es lo que va ocurriendo en este sujeto si esta escena no es sanada en la adultez.

Por supuesto, lo que a continuación mencionaremos es sólo un esquema que no se cumple de la misma manera en todas las personas y, ni siquiera, en la misma persona ante diferentes Escenas Matrices. Sin embargo, este esquema nos permitirá comprender cuál es el camino que suele irse dando en este armado para, después, en la clínica, poder desandar este recorrido y desanudar este armado a lo largo del proceso de tratamiento del sujeto.

Sin embargo, antes del inicio, lo que está en todo inicio

El objetivo (inconsciente) de todo movimiento perverso de los padres

Como sabemos, la Mirada de las Escenas Matrices es una escuela humanística, es decir que parte de la base de que el Ser Humano es por naturaleza Bueno (así, con mayúscula). ¿Qué quiere decir esto? Que cuando nos dañamos a nosotros mismos o a los demás estamos desencontrados de nuestra Bondad esencial.

Por supuesto, la palabra "desencontrados" es bella, queda bien, permite completar la definición, pero no explica nada.

Y no explica nada porque ocupa en la frase el lugar que debería estar ocupado por toda una explicación en extremo compleja de lo que es el daño, al menos desde la Mirada de las Escenas Matrices.

Y esto es así, porque, en nuestra opinión no puede hablarse de daño sin hablar de Perversión. Ahora bien ¿es posible hablar de Perversión sin hablar de maldad (ya que el Ser Humano es en lo básico Bueno)? Sí, es posible; o, al menos, eso intentaremos.

Y para hablar de Perversión y de daño, va de suyo que tenemos que hablar de los Padres. Del daño que los Padres hacemos a nuestros Hijos.

¿Por qué?

Porque es ese daño el que, luego, si no está sanado, el sujeto repite de modo indefectible consigo mismo, y muchas veces con los otros.

Y es ese daño y es esa perversión la que, si no es sanada por el sujeto, se va enquistando hasta transformarse en un Cuadro Psicopatológico.

En este sentido, todo lo que diremos a continuación parte de la Perversión del Padre/Madre. La primera de las Capas Geológicas y todas las siguientes parten de la Perversión del Padre/Madre.

Perversión a la que no nos referiremos más ahora, sino que dejaremos para el final del libro, confiando en que el definirla al final nos permitirá más luz y comprensión de la que conseguiríamos internándonos en ella en este momento.

Ahora sí.

Lo primero: Lo propio de toda Escena Matriz

Antes que todo lo que puede comprenderse, *el Estupor*

¿Qué es lo primero que ocurre en el Nene/a cuando no es mirado en profundidad? ¿De qué se trata esa sensación, esa experiencia? Es evidente que hay tristeza, enojo, decepción, miedo. Sí, pero antes, antes de eso.

Antes de todo eso.

Antes de todo eso, el Estupor.

Ahora bien ¿qué es el Estupor?

Describir o definir el Estupor es en la práctica, una tarea imposible. Porque para hacerlo debemos entrar en un lugar pre-verbal, pre-racional, pre-palabra. Pre.

Porque este Estupor no es una emoción sino un estado. Un estado de profunda incomprensión, de profunda incredulidad.

Pero más.

Un estado de incomprensión e incredulidad antes de poder nombrar las palabras *incomprensión* e *incredulidad*.

Es un *no poder creer*.

Y, realidad, es así: El Nene/a *no puede creer* cómo su Padre/Madre no lo ve. Cómo no lo ve a él, su hijo/a. Y esto es así porque es tanto el sentido de derecho a ser mirado por sus Padres, que el Nene/a tiene en su interior tanta la certeza pre verbal que el Nene/a tiene de que merece y necesita que sus padres lo vean en profundidad que, no puede creer cómo esto no se da.

Como señalamos, este Estupor es una sensación no verbal. En realidad, es pre verbal. Es un antes de las palabras, porque se da desde un lugar central, constitutivo del Nene/a. Y no sólo es pre verbal, sino que también es pre emocional. Es decir, es antes de las emociones.

Ya las emociones denotan cierto contacto y cierta comprensión del mundo. El Estupor no.

En las emociones, al menos hay algo; hay un algo que provoca cierta emoción. El Nene/a puede enojarse (o entristecerse o temer. O todo ello) porque el Padre/Madre, por ejemplo, lo golpea; sí, y esto es displacentero en lo más profundo. Pero allí, al menos ya hay una cierta comprensión, aunque el Nene/a nunca se lo pregunte o nunca lo piense, hay cierta coherencia: El Padre/Madre lo golpea y luego el Nene/a entristece o se enoja. En algún sentido, el mundo es comprensible.

Sin embargo, en el Estupor no es así.

En el Estupor sólo hay incredulidad.

Incredulidad y pregunta: ¿Cómo puede ser que mi Padre/Madre no me vea a mí, que soy su hijo/a?

Pregunta sin respuesta. Una pregunta abierta; abierta al mundo incompresible.

Pero no sólo eso, sino también pregunta sin pregunta. Una pregunta no pensable aún, una pregunta pre verbal.

Porque en el Estupor hay justo eso, al no ser mirado por el Padre, el Nene/a siente que es y no es a la vez. Es, porque parece evidente que está allí, incluso está allí sintiendo Estupor, pero a la vez no es. Diríamos, evidentemente no es, porque ¿cómo podría ser verdaderamente si su Padre/Madre no lo ve? Así, cuando el Padre/Madre no lo ve y el Nene/a queda en esa zona intermedia entre la vida y la no vida, lo que el Nene/a experimenta es Estupor.

Este Estupor está en todas las Escenas Matrices en las que el Nene/a no es mirado en profundidad por su Padre/Madre. Es lo primero que el nene/a experimenta, siempre.

Lógicamente, este "no ver" por parte del Padre/Madre no se da sólo en las escenas donde el Padre/Madre abandona, no está o no se da cuenta de algo relacionado con su Hijo/a, sino que se da también en la escena donde, por ejemplo, el Nene/a es golpeado o abusado; porque para golpear o abusar a un niño en verdad hay que no verlo, más allá de que, en el sentido físico haya que verlo para poder golpearlo o abusarlo.

Así, cuando hablamos de *no ver* al Nene/a nos referimos a no verlo a él/ella verdaderamente; por eso hablamos de *no ver en profundidad* o *no ver verdaderamente*.

Es por ello que decimos que en todas las Escenas Matrices en las que el Nene/a no es mirado en profundidad, lo primero que aparece en éste es siempre el Estupor.

Este Estupor, indescifrable, indefinible, ininteligible, es lo primero.

Pero, por supuesto, no es lo único.

Cuando ya hay algo que puede comprenderse, *las Emociones*

Luego del Estupor, es decir, luego de aquello que no puede comprenderse, aparecen las Emociones.

Es la capa siguiente, la que continúa a la primera.

Como hemos señalado, en las Emociones ya hay inteligibilidad. Ya hay comprensión del mundo. Ya hay palabra.

El Nene/a experimenta determinada Emoción porque el Padre/Madre lo trata de determinada manera, y en este tratarlo de esta determinada manera, de alguna manera ya hay un Padre/Madre. Es importante comprender que esta capa no niega la anterior; no es que hay Nenes/as que experimentan estupor y otros que experimentan Emociones.

No.

Todo Nene/a que no es mirado en profundidad experimenta Estupor y, luego, quizá de inmediato, Emociones. Este "luego" o "inmediatamente", puede ser de un instante; tanto que, casi con seguridad, el Estupor no alcance a ser experimentado a conciencia y, quizá, ni siquiera las Emociones si es que los Padre/Madre no las permiten.

No estamos hablando de lo que el Nene/a comprende que experimenta, estamos hablando de las Capas Geológicas que, de manera indefectible, se van armando en el Nene/a ante cada Escena Matriz. Y de cómo estas Capas quedarán superpuestas, una por sobre otra y de cómo habrá que desandar ese camino.

En este sentido, como hemos señalado, luego del Estupor, aparecen las Capas Emocionales.

Y en estas Capas Emocionales, también habrá, para decirlo de alguna manera, Subcapas. Es decir, también habrá diferentes Emociones que aparecerán, una después de otra. Veámoslas en el orden en las que aparecen.

Tristeza

La primera Emoción que el Nene/a experimenta es la Tristeza. La Tristeza profunda de no ser visto por su Padre/Madre. La Tristeza que tiene que ver con la soledad, la soledad infantil. Una soledad infantil que, a diferencia de la soledad adulta (claro que no estamos hablando de edad, sino de constitución psíquica) es una ausencia, es un *estar sin*, es un *mirar siempre la espalda del Padre/Madre que no mira.*

Esta Tristeza es experimentada como un *pozo*.

En la Mirada de las Escenas Matrices, la llamamos la *Tristeza de pozo*. Es decir, es aquella tristeza que el Nene/a experimenta porque el Padre/Madre no lo ve y que se experimenta como la sensación de estar en un pozo oscuro.

Un pozo oscuro en el que se está sólo, sólo de Mamá y/o de Papá, aunque siempre la Mamá es un punto más. Es siempre un punto más la tristeza de la Mamá que la del Papá, y es siempre la Tristeza de un Nene/a pequeño, muy pequeño. Casi diríamos en extremo pequeño.

Como hemos señalado, esta Tristeza es el punto más profundo dentro de las Capas Emocionales. No es el Estupor, en el sentido en que no es un Nene/a con una pregunta sin respuesta, preguntando a lo abierto *"¿Cómo puede ser que mi Padre/Madre no me vea?"*. Sino un Nene/a en el pozo llorando su *Estoy muy triste porque mi Padre/Madre no me ve.*

Como puede verse, ya hay cierta inteligibilidad, ya hay causa-consecuencia: Ya hay un "siento esto por esto". No hay, como en el Estupor, mera pregunta, pregunta abierta a la nada.

Hay cierta comprensión.

Hay emoción.

Hay tristeza.

Esta es la primera Emoción, la primera Subcapa de las Capas Emocionales.

La segunda es el Enojo

Enojo

La segunda Emoción que el Nene/a experimenta cuando no es mirado en profundidad por su Padre/Madre es el Enojo.

El Enojo que, en definitiva, expresa la consciencia de un derecho: El derecho a ser visto. Es un derecho que el Nene/a trae consigo por el sólo hecho de estar aquí.

Es esa dignidad que el Nene/a tiene, esa dignidad que expresa su derecho esencial a tener Padres, Padres que lo vean.

También ocurría lo mismo con el Estupor y, en definitiva, con la Tristeza. Porque es evidente que, sin esta dignidad esencial del Nene/a nada de esto se experimentaría y el no ser mirado por el Padre/Madre sería sólo un dato más que impactaría como cualquier otro dato. Sin embargo, en el Enojo, esta dignidad se hace energía que posibilitaría la acción de reclamo, si es que el enojo fuera permitido y escuchado.

Así como en el Estupor, esta dignidad se hace un estado de profunda incomprensión y en la Tristeza se hace duelo que no puede duelarse, en el Enojo se hace reclamo.

Es evidente que esta dignidad no es pensada por el Nene/a. No es que hay en el Nene/a un proceso a partir del cual, cuando no es visto en profundidad, piensa *tengo derecho a ser mirado* y, entonces, este no respeto de su derecho le provoca Enojo.

En absoluto.

Esta dignidad es, como el derecho a ser mirado que la sostiene, inconsciente. La trae el Nene/a como trae su identidad. La trae como trae todo aquello que, en definitiva, lo constituye. La trae de la misma manera que, en el plano físico, trae un corazón que bombea sangre y sin el cuál no sería posible vivir.

Esta dignidad es la resultante de su derecho a ser mirado por sus Padres, es decir, es la resultante del derecho a tener Padres que lo miren. Y, lógico, cuando este derecho no es respetado, el Nene/a experimenta Enojo.

Por supuesto, al igual que la Tristeza, lo que el Nene/a hará con su Enojo dependerá de lo que los Padres permitan, escuchen, habiliten, soporten, en definitiva, puedan habitar.

Así, como hemos dicho antes, no estamos describiendo lo que el Nene/a hace ante una Escena Matriz en la cual no es mirado; no. Estamos describiendo qué es lo que ocurre en el Nene/a cada vez que experimenta el no ser mirado en profundidad por el Padre/Madre, de manera independiente de si esto que le ocurre es experimentado de modo consciente o no por el Nene/a. Y estamos describiendo esto que le ocurre para, luego, en la clínica, poder ir desandando el camino hasta aquel Nene/a que mi paciente ha sido para así, poder dar cada vez un paso más en el proceso de sanación.

Miedo

La tercera Emoción que el Nene/a experimenta cuando no es mirado en profundidad por su Padre/Madre es el Miedo.

Así como la Tristeza es la emoción profunda, de pozo, que tiene que ver con el no ser visto y el Enojo es la emoción que aparece cuando el derecho a no ser visto no es respetado, el Miedo es la emoción que expresa la sensación de peligro que este Nene/a experimenta al estar sólo en el mundo, sólo en el mundo porque no tiene un Padre/Madre que lo vea.

Sin embargo, a diferencia de la Tristeza y el Enojo, el Miedo no siempre está.

No siempre está quiere decir que muchas veces, en el camino de desandar desde lo que el paciente trae hoy hasta aquel Nene/a que fue y que se encuentra en su interior sólo y en el pozo, no aparece el Nene atemorizado. O, sí aparece, aparece también en aquel Nene/a sólo y en el pozo, pero no como una parte diferente o como una capa posterior, sino como una emoción más, aunque siempre menos que la Tristeza, de aquel mismo Nene/a.

Esta diferenciación entre el Miedo y las otras dos emociones, Tristeza y Enojo que siempre se encuentran es importante; es como si el Miedo estuviera también *en* ese mismo Nene/a muy triste en lo profundo, pero muchas veces, no constituyera de por sí una capa diferente.

Es lógico que muchas otras veces sí aparece, y cuando esto ocurre se la toma como cualquiera de las otras dos emociones y se las desanda de la misma manera.

Lo que sigue: Las capas propias de las Escenas Copia

Como hemos señalado, lo anterior es lo propio de toda Escena Matriz, es decir que, de por sí, toda Escena Matriz genera tanto Estupor como las Emociones de Tristeza, Enojo y muchas veces Miedo en el Nene/a.

Ahora bien, luego de esto, comienza el nivel que ya no corresponde a lo propio de toda Escena Matriz, sino que tiene que ver con las diferentes capas que se van armando en el sujeto a medida que esa Escena Matriz o esas Escenas Matrices vinculadas con el mismo rasgo o área se van repitiendo a lo largo de la infancia del sujeto. En este sentido, cuando el sujeto llega a la adultez y las Escenas Matrices fueron reiterándose de diferentes maneras en torno a un rasgo o área, el sujeto fue armando maneras más permanentes de ser que tienen que ver con esta zona.

Estas maneras de ser son de diferente grado e importancia en la vida del sujeto y van constituyendo diversas capas, las Capas Geológicas que, para decirlo de otra manera, ya no son propias de la Escena Matriz, sino que son las que se ven en las Escenas Copia, es decir en las Escenas de la vida actual del sujeto ya adulto en lo biológico, en las cuales repite las Escenas Matrices.

Estas capas o maneras de ser no se dan siempre, es decir que, en un sentido, no todo sujeto tendrá en sí todas estas capas y ni siquiera es necesario tener cada una de las anteriores para tener la que, en la próxima descripción, mencionaremos como posterior.

Sin embargo, si se mira con profundidad y detalle, encontraremos que, en general estas capas se pueden percibir; a veces de manera definida y a veces de manera sutil, pero de una manera u otra suelen estar allí.

Antes de ingresar en esta descripción diremos que mencionaremos cada Capa yendo desde la más superficial hacia la más profunda.

Así, la primera que mencionaremos, las Emociones Sustitutivas, es la más superficial y, a medida que nos acerquemos a la última encontraremos cada vez más profundidad.

La mayor superficialidad o profundidad tiene que ver con el grado de enquistamiento en el sujeto que tenga la Capa en cuestión. Así, a mayor enquistamiento mayor profundidad y a menos enquistamiento menor profundidad. Por su parte, el mayor o menor enquistamiento tiene que ver con el grado de profundidad de la herida, así a mayor profundidad de la herida mayor enquistamiento y a menor profundidad menor enquistamiento.

Y, por fin y como ya hemos señalado[3], la mayor o menor profundidad de la herida tiene que ver con dos variables fundamentales propia de las Escenas Matrices: Lo relacionado con cuán vital es el rasgo o zona herida y la duración de la herida ocasionada por los padres.

Así, si el movimiento de los padres en las Escenas Matrices apunta a un rasgo más central (la identidad o la intimidad, por ejemplo) la herida será más profunda que si se dirige a un rasgo menos central (por ejemplo, la capacidad física para hacer deporte) y, por otro lado, si este movimiento por parte de los padres se da durante veinte años será mayor que si se da durante un período menor.

Por supuesto, todo esto constituye una serie de variables que no son medibles ni mensurables en lo absoluto, sino que sólo nos sirven para poder tener una idea de cómo se va armando el psiquismo de nuestro paciente con el objetivo, luego en el proceso terapéutico, de desandar este camino para poder llegar a aquel Nene/a que nuestro paciente fue y así poder llevar a cabo los movimientos paulatinos y necesarios que lo acerquen a la sanación.

Veremos a continuación, a grandes rasgos, de qué se tratan estas capas.

---

[3] WEINTRAUB, Mauricio (2022). *Sanando al niño que fui.* Ed. El Aleph, Buenos Aires.

Las Emociones Sustitutivas

La primera de las capas que encontramos y que se ven en las Escenas Copia tienen que ver con lo que, desde el Análisis Transaccional se denominan Emociones Sustitutivas[4].

Como sabemos, uno de los principales aportes del Análisis Transaccional es diferenciar las Emociones Auténticas de las Emociones Sustitutivas. Así, aquellas son las emociones que la situación genera en un sujeto. De esta manera, cuando un Nene/a vive una escena, esta escena le provoca determinada/s emoción/es; a estas emociones que provienen, digámoslo así, directo de la escena las llamamos Emociones Auténticas. Ahora bien, si estas emociones no están permitidas por el Padre/Madre, el Nene/a aprenderá a no expresarlas y las reemplazará por otras. A estas otras, sí permitidas, pero no vinculadas con la Escena las llamamos Emociones Sustitutivas, Sustitutivas porque sustituyen a una Emoción Auténtica.

Como podrá verse lo que determina si una emoción es Auténtica o Sustitutiva no es la emoción en sí sino si corresponde o no a la situación. Así, cualquier emoción puede ser Auténtica o Sustitutiva y la correspondencia con la situación es lo que determinará si se trata de una o de otra.

Como hemos señalado en otra publicación[5], la prohibición de una emoción determinada por el Padre/

---

[4] BERNE, Eric (1961). *Análisis Transaccional en Psicoterapia*. Psique, Buenos Aires.
[5] WEINTRAUB, Mauricio, Op. Cit.

Madre puede ser más o menos profunda. Y es esta profundidad en la prohibición lo que determinará también el grado de no vínculo que el Nene/a irá desarrollando en su relación con esa emoción.

Así, encontramos dos grados posibles de no vínculo por parte del Nene/a con respecto a una emoción: La Expresión y la Experimentación.

Así, si la Emoción está prohibida en un nivel más superficial, el Nene/a tendrá prohibida la Expresión, pero no la Experimentación. Es decir que experimentará la emoción en mayor o menor medida, pero no podrá expresarla.

Sin embargo, si la prohibición es mayor, el Nene/a desarrollará también un no vínculo más profundo con la emoción y entonces no sólo no la expresará, sino que tampoco la experimentará.

Así, como podrá verse, este grado de no vínculo con la emoción es mucho mayor ya que el Nene/a mismo comienza a no darse cuenta de que experimenta una emoción determinada. Como sabemos, si esto no es sanado, luego el sujeto adulto no tiene disponible esta emoción, no se da cuenta que está experimentando esta emoción y pierde también la función que corresponde a esta emoción, con las consecuencias que esto tiene para su vida cotidiana[6].

Ahora bien, luego de una breve explicación de lo correspondiente a las Emociones Sustitutivas, lo que en realidad nos interesa en este capítulo es mencionar

[6] WEINTRAUB, Mauricio (2022). *Sanando al niño que fui*. Ed. El Aleph, Buenos Aires. Ver el capítulo correspondiente a la Función de las Emociones.

que, cuando una Emoción es negada y reemplazada por otra, esto se transforma entonces en una capa del sujeto que trasciende una u otra escena puntual y se lo puede ver, en mayor o menor medida, en toda la vida cotidiana del sujeto.

Ya no hablamos aquí de una emoción reemplazada en una determinada Escena Copia y que puede buscarse también en una o más Escenas Matrices, sino que hablamos de un patrón que se encuentra en toda la vida cotidiana del sujeto adulto, patrón que hace que una emoción determinada esté negada y sea reemplazada de forma más o menos sistemática por otra, con las consecuencias que esta negación y posterior reemplazo tienen para toda la vida del sujeto.

Es decir que encontramos un sujeto que tiene ya esta característica como patrón general.

Veamos un ejemplo en la clínica.

Nahuel, 35 años

Paciente —El otro día me encontré con un chico que conocí a través de una aplicación.

Terapeuta —¿Y qué tal?

P —Iba todo bien hasta que llegamos a la cama.

T —¿Te acostaste con él?

P —Sí. Bueno, no. En realidad, yo la había pasado bien mientras cenábamos, pero no tenía tantas ganas de ir a la cama, pero él me invitó a la casa y entonces...

T —¿Entonces qué?

P —Y... no sé ¿cómo le iba a decir que no? En realidad, cuando me invitó a su casa, medio que empecé a decirle que no, pero me cortó y me dijo "¿No me digas que sos de esos que te histeriquean y después no quieren saber nada?". (Se ríe)

T —¿Y a vos qué te pasó cuando te dijo eso?

P —No, a mí mucho no me gustó (ríe), pero bueno, hice un chiste y al final terminé yendo.

T —¿Y qué pasó después?

P —No, cuando llegamos a la casa me sirvió unos tragos y me avanzó.

T —¿Te avanzó?

P —Sí, se me vino encima y me empezó a besar y a tocar.

T —¿A vos qué te pasó en ese momento?

P —Si te soy sincero yo quería irme (ríe) pero bueno, traté de alejarlo, le dije "¡Ay, estás como loco!" y al final tuvimos relaciones.

Se ve en el ejemplo con claridad cómo Nahuel tiene prohibido el Enojo y lo reemplaza por la Alegría. Se ve cómo esto le trae dificultades profundas en el momento de poner límite a quien lo invade y, aunque no se ve en el extracto de sesión, esto también le ocurre en el ámbito laboral, familiar, vincular con amigos, etcétera. Y no sólo eso, al no tener disponible el Enojo también tiene menos fuerza para llevar a cabo sus proyectos, sus deseos y para abrirse paso ante las dificultades.

Como vemos, este reemplazo del Enojo por la Alegría no se da en Nahuel en una escena puntual ante, por ejemplo, un hombre que quiere tener relaciones con él. Se da cada vez que él necesita habitar su enojo en una situación determinada. Es decir, pasó de ser algo puntual a ser un patrón.

Por supuesto, esto hace también que Nahuel tenga una manera de ser más superficial ya que, ante la imposibilidad de poner límites en el vínculo, la única manera de poner límite que encuentra es yéndose de los vínculos, con lo que también sus vínculos son más cortos y superficiales.

De esta manera, encontramos una Capa que está, digámoslo así, por encima del Estupor y de las Emociones. Una Capa que tiene que ver con una manera de ser ante toda una gama de situaciones, las situaciones en las cuales él necesitaría vincularse con su Enojo.

Así, trabajando esta Capa, es decir desandando el camino y desarmando la Alegría sustitutiva para que Nahuel pueda contactar con el Enojo auténtico, experimentarlo y luego expresarlo se trabajarán a la vez toda una serie de situaciones y de vínculos que hoy se dan en su vida y las consecuencias de estos vínculos.

Es decir que, al desarmar la Capa en la que la Alegría reemplaza el Enojo tendremos acceso a toda una zona de Nahuel a la que no tenemos acceso en este momento.

Los Mecanismos de Defensa

Como sabemos, Freud es quien hace mención por primera vez a lo que hoy conocemos como Mecanismos de Defensa. En este sentido, desde la perspectiva psicoanalítica, llamamos Mecanismo de Defensa a cualquiera de un grupo de procesos mentales que permite a la mente llegar a soluciones de compromiso a conflictos que es incapaz de resolver. El proceso suele ser inconsciente, y el compromiso por lo general implica ocultar a uno mismo impulsos o sentimientos internos que amenazan con disminuir la autoestima o provocar ansiedad[7].

Dentro de la Mirada de las Escenas Matrices y, en lo específico, dentro de las Capas Geológicas que se van armando en el psiquismo, los Mecanismos de Defensa constituyen un estadio que podemos ubicar luego, es decir más profundo, de las Emociones Sustitutivas. Así, el Mecanismo de Defensa está, para decirlo, de alguna manera, más enquistado en el sujeto que la sustitución de una emoción por otra. Es decir que ya no se trata sólo de una sustitución, sino que es todo un mecanismo inconsciente que el sujeto pone en movimiento cuando algo es demasiado para él. Freud diría que se pone en movimiento cuando algo es demasiado para el Yo del sujeto y nosotros diremos que se pone en movimiento cuando algo es demasiado para la estructura psíquica de la que dispone el sujeto en ese momento.

Así, si lo comparamos con las Emociones Sustitutivas, diremos que, en los Mecanismos de Defensa el sujeto pone en funcionamiento un mecanismo más complejo que una simple sustitución. Este mecanismo está más alejado de la conciencia del sujeto y, por consecuente, es más difícil de transformar en el proceso terapéutico.

---

[7] El término se utilizó por primera vez en 1984, en el artículo de Sigmund Freud "Las neuropsicosis de la defensa".

De todas maneras, como ya hemos dicho, la descripción de estas Capas Geológicas no intenta asegurar que, en cada sujeto se den todas estas capas o que haya que atravesar cada una de las descriptas aquí para llegar a la siguiente. Muchas veces podemos encontrar Mecanismos de Defensa sin que haya Emociones Sustitutivas o, al menos, sin que las haya con claridad y lo mismo ocurrirá con las Capas que describamos más adelante. Sin embargo, sí es verdad que, a medida que se va dando la clínica, en general es posible ir rastreando en los pacientes las capas anteriores a una posterior. Es decir que, si encontramos una capa que aquí describimos como posterior suele aparecer, de manera más profunda, una que aquí describimos como anterior.

Los Mecanismos de Defensa descriptos por Freud son varios, sin embargo, para la Teoría de las Escenas Matrices nos centramos en tres de ellos: La Proyección, la Negación y la Racionalización, por ser ellos los que encontramos con más frecuencia en la clínica.

Así, cuando hablamos de Proyección nos referimos al mecanismo por el cual el sujeto le adjudica a otro lo que en realidad él mismo piensa o siente.

Cuando hablamos de Negación nos referimos al mecanismo por el cual el sujeto no tiene noticia consciente de una emoción o sentir que se encuentra en su interior.

Y, por fin, cuando hablamos de Racionalización nos referimos al mecanismo por el cual el sujeto sobre explica una emoción o sensación con el objetivo inconsciente de no contactar con ella.

Como se verá, siempre el sujeto intenta de manera inconsciente a través de estos mecanismos no contactar con algo que, en términos freudianos, es inconciliable con el Yo y, en términos de la Teoría de las Escenas Matrices, es más que lo que su estructura psíquica puede procesar hoy.

Veamos un breve ejemplo.

Laura, 75 años.

Terapeuta —¿Cómo estás, Laura? Qué alegría verte.

Paciente —Bien, perfecto.

T —Contame ¿cómo te sentís?

P —Muy bien, sin ningún problema.

T —Bueno, pero contame, después de todo lo que pasaste.

P —¿Después de qué?

(Silencio)

T —¿Cómo de qué? No nos vemos hace un tiempo ¿no?

P —Ah, sí. ¿Y?

T —Bueno, y no nos vemos porque te operaste del corazón.

P —Ah, eso... No, perfecto, estoy genial. Mejor que nunca.

T —(Silencio). Sí, bueno, es verdad. Te veo bien; muy bien para una persona recién operada, pero supongo que habrás pasado días en los que no te sentías tan bien.

P —No, fue genial. No tengo nada. Estuvo perfecto, sin ningún problema.

Ni siquiera hace falta comentar que Laura llegó a esa sesión acompañada de su hijo, que tenía dificultades obvias y comprensibles para caminar, sentarse y ponerse de pie y que, seguro, había pasado momentos de angustia, temor y tristeza y que aún estas emociones estarían en su interior de alguna manera.

Sin embargo, nada de ello era registrado por ella.

Todo era negado.

Las Características de Personalidad

Cuando hablamos de Características de Personalidad nos referimos a una instancia aún más profunda que las mencionadas antes.

Para Jung[8], la Persona (en latín, "máscara" del actor) es la manera en la que el sujeto se muestra, al mundo y a sí mismo, y esta Persona ("Máscara") constituye siempre una parte disociada de la Personalidad. Es decir que esta Persona ("Máscara"), es la manera en la que el sujeto hace creer a los demás que es y, en la mayoría de los casos, además, cree él mismo que es.

Sin embargo, desde la Mirada de las Escenas Matrices llamaremos Personalidad a esto mismo. Es decir que, para la Mirada de las Escenas Matrices la Personalidad es aquello que el Sujeto cree que es y que, esto que cree que es, es siempre más limitado, siempre un recorte de aquello mucho más amplio que en realidad es.

Opuesto a lo que aquí llamamos personalidad y a lo que Jung denomina Persona ("Mascara"), el sujeto tiene a su sombra que, a diferencia de la personalidad

[8] JUNG, Carl G. (1921) *Tipos Psicológicos*. Rascher Verlag.

es lo que el sujeto no sabe que él también es. Es decir, es aquella parte del sujeto que pertenece a sí pero que el sujeto no conoce de sí, es esa parte que tiene *escindida* en su consciencia. Aquello que el sujeto es y que no sabe que es.

Como señala Jung "La figura de la sombra personifica todo lo que el sujeto no reconoce y lo que, sin embargo, una y otra vez le fuerza, directa o indirectamente, así por ejemplo, rasgos de carácter de valor inferior y demás tendencias irreconciliables"[9].

Así, desde la Mirada de las Escenas Matrices, la personalidad y la sombra son dos polos del *sí mismo*, es decir, son las dos zonas que constituyen al sí mismo del sujeto. La personalidad y la sombra se arman, en lo fundamental, de aquello que ha sido mirado y no mirado en la infancia por los padres. Así, la personalidad es, en líneas generales, aquello del sujeto que fue mirado por los padres y adjudicado por éstos como pertenecientes al niño y la sombra es, en líneas generales, aquello del sujeto que no fue mirado por los padres y no fue adjudicado por éstos como pertenecientes al niño. En este sentido, es importante señalar que las palabras *mirado* o *adjudicado* no tienen que ver con rasgos o características que los padres quisieran que el niño tenga o no. De esta manera, por ejemplo, cuando un padre le dice a su hijo que es tonto no le está diciendo a éste que está bien que lo sea, sino, por el contrario, se lo está marcando como una característica no deseable, sin embargo, en este ser tonto el niño se siente reconocido por su padre y, en

[9] JUNG, Carl G. (1939) *Bewusstsein, Unbewusstes und Individuation.*

consecuencia, esta característica pasa a ser propia ya que es allí donde es reconocido y donde tiene un lugar en la consciencia de su padre. Para decirlo en otras palabras, allí, en el ser tonto (o en el sentirse tonto) el niño tiene un padre.

Siguiendo con el ejemplo, si este ser tonto es señalado de manera permanente y extremo, este ser tonto pasa a formar parte de la personalidad del niño cuando crece y, ya siendo adulto, no necesita que su padre le diga tonto, sino que él mismo siente que lo es, más allá de si lo acepta o no o le gusta o no. De la misma manera, queda en la sombra el opuesto, digamos el ser inteligente. Así, el sujeto se identificará con el ser tonto y considerará ajeno a él el ser inteligente. De la misma manera en que, si me llamo Carlos, me identifico con ese nombre y respondo cuando me llaman Carlos y no respondo cuando me llaman Andrés.

Así, más allá de lo simple del ejemplo mencionado antes, se va construyendo tanto la personalidad como la sombra.

En este sentido, cuando hablamos de Características de Personalidad, nos referimos a aquellos sujetos que han hecho, de ese rasgo o característica ya no una sustitución de una emoción por otra o un mecanismo de defensa sino una característica de personalidad. Es decir, cuando aquello mismo que comenzó, quizá, siendo una sustitución emocional puntual en alguna situación o se hizo mecanismo de defensa se enquistó y cristalizó ya como una característica de personalidad que el sujeto lleva consigo en diferentes y variadas situaciones de su vida cotidiana.

Para poder dar un poco más de claridad a lo que estamos tratando de describir digamos que, cuando hablamos de Características de Personalidad siempre estamos hablando, a la vez, de Sombra ya que ambos términos son opuestos/complementarios y es imposible pensar a un término sin el otro. Y cuando hablamos, entonces, de Características de Personalidad/Sombra nos referimos siempre a opuestos; opuestos de los cuales uno queda a la luz de la consciencia del sujeto (la Característica de Personalidad) y el otro queda fuera de la consciencia del sujeto (la Sombra). Con uno de ellos el sujeto se identifica y con el otro no puede identificarse de ninguna manera. Uno de ellos cree que es él y el otro cree que no tiene nada que ver con él.

En este sentido podríamos decir que las Características de Personalidad podrían dividirse en dos grandes grupos: Uno de ellos cuyo elemento más representativo sería lo que se denomina la *Energía Ying* y el otro cuyo elemento más representativo sería lo que se denomina la *Energía Yang*.

Este agrupamiento, seguro injusto e incompleto, al menos en un sentido; nos sirve para poder observar en la clínica (y, por qué no, en nosotros mismos) con qué energía y características suele identificarse más nuestro paciente y, por lo tanto, qué energía y características quedan en la sombra. Sin embargo, eso no es lo único, sino que, además, cada energía o característica posibilita algo en la vida de un sujeto por lo que, cuando alguna energía o característica queda en la sombra, entonces también alguna posibilidad queda fuera del alcance y algo se pierde o no se desarrolla en ese sujeto.

Así, podríamos señalar cuales son algunas (sólo algunas) de las características más importantes de cada una de estas energías en el siguiente cuadro:

Energía Ying	**Energía Yang**
Introversión	Extroversión
Contemplación	Acción
Capacidad de recibir	Capacidad de dar
Capacidad de descansar	Capacidad de trabajar
Lo redondo	Lo que tiene punta
Disfrute	Ejecutividad
Emociones "Blandas"	Emociones "Duras"
Tristeza	Alegría
Miedo	Enojo
Amor	
Capacidad de Agradecer	Capacidad de Hacer
No tiempo	Optimización del tiempo
Distensión	Tensión

Entre muchas otras.

Así, siempre hablando en líneas generales, la persona que tenga más habitada la Energía Ying tendrá más facilidad para disfrutar más de su tiempo de ocio, contemplar una puesta de sol o la lluvia, podrá reconocer más sus dificultades, podrá pedir ayuda y agradecerla, podrá vincularse más con la tristeza y el amor, reconocer aquello que teme, aceptar el paso del tiempo, el decline de las posibilidades físicas y ser más introvertido mientras que la persona que tenga más habitada la Energía Yang tendrá más facilidad para proponerse objetivos en su vida laboral o profesional y alcanzarlos, poner límites ante la invasión del otro, festejar, soportar más los momentos de tensión propios de la vida y resolverlos, habitar su fortaleza mental y física y vincularse con facilidad en situaciones sociales.

Sin embargo, si la persona está muy identificada con una energía y muy poco con la otra o, para decirlo de una manera más jungiana, tiene toda una energía en su sombra, entonces le costará o no podrá llevar a cabo las acciones que corresponden a esa energía, quedando así toda una parte de su posibilidad vital no disponible.

Esto tendrá consecuencias importantes en sus vínculos, sus proyectos, sus acciones y, finalmente, en su vida cotidiana.

Veamos esto mismo en un ejemplo

Ramona, 61 años, refiriéndose a la relación con su nieto, Marcos, de trece años.

Paciente —Al final me traje a mi nieto a mi casa.

Terapeuta —¿Cómo fue eso?

P —Y, si... ya sé que vos me dijiste que no, pero ¿qué querés que haga? Mi hijo es un idiota, no lo entiende ni lo comprende. Y la mamá —¡Ay, la mamá! —Esa mujer está muy mal. Es ausente, no lo ve nunca y cuando lo ve mejor que no lo vea.

T —¿El papá de Marcos lo golpea?

P —No, se pelean, pero no lo golpea, pero es insoportable, yo lo conozco bien a mi hijo.

T —¿Y qué quiere decir que te lo trajiste a tu casa?

P —Que me encontré con mi nieto para ir a tomar un helado y me volvió a decir que en su casa está todo mal, que no se banca más al papá ni a la mujer del papá y entonces no pude más y le dije si se quería venir a vivir a mi casa, conmigo y con el abuelo.

T —¿Y él qué dijo?

P —Estuvo encantado (ríe con una amplia sonrisa). Ni te imaginás lo contento que se puso.

T —Parece que vos también

P —Y, la verdad es que sí. Es que mi hijo no sirve para nada. Y mi nieto me necesita.

T —¿Que querés decir con que "te necesita"?

P —Que soy lo único que tiene en el mundo. Si no lo salvo yo no lo salva nadie.

Como vemos en el caso de Ramona, ella está completamente identificada con una manera de ser. Esta manera de ser incluye todos los rasgos referidos a la *Energía Yang*. Así, se identifica plenamente con lo activo, lo ejecutivo, lo decidido, las emociones "duras" como el enojo o la alegría y entran en consonancia con estos rasgos los roles de directora, salvadora, hacedora, etcétera.

Por supuesto, Ramona tiene en la sombra todo lo opuesto, veamos cómo continuó la sesión.

T —¿Te reconocés en lo que me comentás de Marcos?

P —No te entiendo.

T —Sí, quiero decir si cuando mirás tu propia infancia ves en la nena que fuiste algo parecido a lo que me comentás de Marcos.

P —Para nada.

T —Pero cuando tenías doce años murió tu hermana menor y tu mamá cayó en depresión y vos tuviste que ocuparte de todos los quehaceres de la casa porque tu papá estaba todo el día trabajando. Y a los quince años dejaste el colegio secundario para ir a trabajar.

P —¿Y qué tiene que ver?

T —No sé qué ocurre en el caso de Marcos, pero podría asegurar que si hay una Nena que está total y absolutamente sola: esa, eras vos.

P —Sí, pero yo salí adelante. Justamente, fui a trabajar, aporté a la casa, me hice cargo de todos los quehaceres, no veo lo que me decís.

T —Sí, es como si en esa nena que fuiste no pudieras ver nada de tristeza, de angustia, de necesidad. Como si la vieras fuerte y potente, cuando en realidad era sólo una niña que tuvo que ocuparse de toda una casa y que, además, tuvo que ir a trabajar. Es como si todo lo otro te hubiera quedado en la sombra.

Como puede observarse, esas mismas características que fueron elogiadas por los padres, o al menos, que Ramona tuvo que desarrollar para poder sobrevivir en su familia infantil son hoy mismo las únicas habitadas y reconocidas por Ramona misma, quedando excluidas (en la sombra) aún hoy aquellas que no tuvieron lugar en su infancia.

Por supuesto, al estar identificada de manera exclusiva con su *Energía Yang* y no reconociéndose también en su *Energía Ying*, Ramona no puede nunca delegar, descansar, pedir ayuda, decir "no puedo" y, por lo tanto, se encuentra siempre sobrepasada, agotada, angustiada y con un problema propio o extraño que resolver.

Por supuesto, los movimientos sanadores en este sentido son complejos y, dolorosos. Porque es justo aquello que tuvo que ser ocultado para sobrevivir (en el caso de Ramona, todo lo referido a su *Energía Ying*) lo que hoy es necesario comenzar a mirar para poder sanar, con todo el dolor que esto trae consigo.

Es como quitar parte a parte la venda que cubrió la herida y me permitió llegar hasta aquí pero que ahora, si no la quito, me impide la sanación verdadera de esa misma herida. Quitar la venda y volver a encontrarme con aquella siempre misma herida.

Hemos visto hasta el momento todo lo referido a las Capas Geológicas. Así, en un primer lugar hemos recorrido aquello que es propio de las Escenas Matrices en las cuales el Niño/a no es mirado de forma saludable por su Padre/Madre. Allí nos hemos encontrado con el Estupor primero y luego con las Emociones propias de toda Escena Matriz: Tristeza y Enojo. Y en algunos casos Miedo.

Luego hemos transitado por lo propio de las Escenas Copia y entonces nos hemos encontrado, siempre desde lo más superficial a lo más enquistado, con las Emociones Sustitutivas, los Mecanismos de Defensa y, por fin, las Características de la Personalidad.

Ahora sólo nos queda ahondar en la que es, por último, la Capa Geológica más profunda y enquistada que puede encontrarse en un sujeto y es a esta Capa Geológica a la que dedicaremos el resto del libro. Es, en realidad, esta Capa Geológica la que tiene que ver con el motivo central de este libro: Los Cuadros Psicopatológicos.

Podemos ver lo recorrido y lo que aún nos resta en el siguiente esquema

Capas Geológicas del Sujeto
a partir de las Escenas Matrices de la Infancia

Qué sucede en el Niño/a ante una Escena Matriz no saludable

Como puede observarse, es en extremo importante comprender que el Cuadro Psicopatológico es una profundización de algo que ya se encuentra en el sujeto y no algo aparte y diferente de lo que el sujeto ha sido y viene siendo.

Dicho esto, nos internaremos con la mayor profundidad posible en la última (y, por qué no, más compleja) instancia en la que se arma una Escena Copia de Escenas Matrices de la infancia. En aquello que los psicólogos llamamos Psicopatología.

Estupor	
Emociones Tristeza Enojo (Miedo)	**Propio de toda *Escena Matriz***
Emociones sustitutivas **Mecanismos de defensa** Racionalización Proyección Negación **Características de la Personalidad** Energía Ying — Energía Yang **Cuadros Psicopatológicos** Neurosis Psicosis	**Propio de las *Escenas Copia***

PARTE II

Capítulo II
Primero que nada: la diferencia entre psicosis y neurosis

La línea de puntos que divide un mundo que es el mismo mundo y no es el mismo mundo y es el mismo mundo y no es el mismo mundo y es el mismo mundo...

Hay una línea de puntos, una línea que es una línea y que, a la vez, no lo es. Que divide y que, a la vez, no divide, iguala. Que separa mundos que son el mismo.

Una línea que es como aquellas sogas que encontramos en las piscinas, sogas que dividen carriles, pero sólo en la superficie, sogas que sirven para mirar delimitando pero que no delimitan, que diez centímetros por debajo de la superficie ya no están. Que dividen la forma en la que se ve el agua, pero que no hablan del agua.

Esta línea divide dos mundos psicopatológicos, dejándolos unidos.

Divide, sin dividir, Psicosis de Neurosis.

Muestra que hoy dos maneras de estar en lo mismo, dos maneras de vivir lo mismo. Dos maneras de lo mismo.

Entender esta diferencia que no diferencia es una de las cuestiones nucleares desde la Mirada de las Escenas Matrices. Y es una de las cuestiones nucleares por lo siguiente: SI no entendemos la diferencia podemos dañar allí donde se espera nuestra ayuda, y si creemos que sólo hay diferencia no podemos ayudar allí donde se espera nuestra ayuda.

Veamos ahora, un poco al menos, de qué se tratan estos dos mundos.

Que son el mismo mundo.

¿Qué es la Psicopatología desde la Mirada de las Escenas Matrices?

Cuando hablamos de Psicopatología desde la Mirada de las Escenas Matrices, nos referimos no sólo a la descripción de los cuadros psicopatológicos que se pueden encontrar en los Manuales de Criterios Diagnósticos sino también a la manera en la que estos cuadros están construidos, digámoslo así, en el interior del sujeto. En este sentido, desde esta mirada, intentamos entender de qué manera el sujeto fue llegando de manera inconsciente a armar este cuadro psicopatológico que hoy lo afecta o en el que está sumido.

Es, para decirlo de alguna manera, no solo un corte horizontal sino un corte en el sentido de la profundidad el que intentamos hacer cuando, desde las Escenas Matrices, miramos a un sujeto y nos preguntamos por el cuadro que padece. No se trata sólo de la denominación de los síntomas, aunque como es lógico esto también tiene su lugar, sino que a esto sumamos o, quizá más aún, sumamos como elemento fundamental y prioritario el cómo se llegó a estos síntomas y cómo se mantienen hoy intentando así una comprensión más profunda del armado, para lo cual es imprescindible el orden temporal e histórico.

Como la Mirada de las Escenas Matrices es una Mirada psicológica y no psiquiátrica, nuestro objetivo fundamental no es describir los síntomas para después disminuirlos, sino comprender de qué manera se ha dado el proceso que en el sujeto ha llevado a la constitución de estos síntomas y cómo continúa dándose esto hoy de alguna manera, para luego intentar desandar lenta y amorosamente este camino. Por supuesto, nuestro objetivo es que, a partir de nuestra comprensión y ayuda, este sujeto pueda expresar lo que en su interior ocurre de otra manera para no necesitar expresar esto que lo angustia en forma de síntoma psicopatológico. Considero que esta diferencia es fundamental y es por ello por lo que, el corte que nos lleva del presente al pasado constituye un punto de imprescindible tránsito si es que se desea en verdad dar un paso más en el sentido de la sanación verdadera y no sólo en el sentido de la supresión del síntoma. Por otro lado, considero que esta diferencia también es fundamental si se desea comprender el significado del cuadro psicopatológico en el que el paciente está sumido y de los síntomas que padece y no conformarnos con una mera descripción sintomática.

Porque el paciente no es un depresivo o un maníaco o un ansioso, sino que, como no sabe qué hacer con lo que le ocurre expresa esto a través de síntomas que, reunidos y mensurados hace que llamemos a "esto que le pasa" con un nombre determinado. Sin embargo, confundir lo que le pasa y el nombre que le hemos puesto contribuye, quizá, a ese no ser mirado que ha sido el origen de esto mismo que le pasa. Y, además, saber los síntomas que el paciente tiene, reunirlos en un diagnóstico e intentar que estos síntomas disminuyan no tiene que ver, al menos desde nuestra mirada, con un proceso de verdad sanador por parte del terapeuta sino más bien sólo con un intento de anestesiar este sufrir que el paciente tiene y que, quizá, le recuerde a su propio sufrir no visto, no mirado y no atendido.

Así, intentaremos a continuación hacer un recorrido por algunos de los cuadros psicopatológicos más importantes con el fin de mirarlos desde la perspectiva de las Escenas Matrices y de, si es posible, abismarnos a cuáles podrían ser, al menos como hipótesis, algunos de los pasos sanadores que podrían darse en cada caso.

Como hemos dicho, sólo tomaremos algunos de los cuadros psicopatológicos. Y serán sólo algunos por dos razones fundamentales:

En primer lugar, porque este libro no es, ni pretende serlo, un Manual de Criterios Diagnósticos que sirva para diagnosticar, sino que pretende ser una ayuda para la comprensión de la Psicopatología que sirva para aportar algo a la sanación del paciente.

Y en segundo lugar porque, como el lector podrá percibir en las próximas páginas, desde la Mirada de las Escenas Matrices vemos la psicopatología como un embudo que, si bien tiene una salida amplia, tiene sin embargo una base demasiado estrecha y donde todo confluye. De la misma manera, en nuestro criterio, toda la psicopatología puede resumirse, en su fundamento en dos estados y en un cuadro fundamental expresado de algunas pocas maneras ramificadas. Así, al comprender el armado de estos estados, del cuadro fundamental y de las ramificaciones, comprendemos de alguna manera el resto de los cuadros. Por esto sumar más cuadros sería redundante y distractor de nuestro objetivo fundamental: Aportar un granito de arena a la sanación de nuestro paciente.

Dicho esto, ahora sí, veamos: La *Psicopatología desde la Mirada de las Escenas Matrices.*

Capítulo III
Psicosis

De aquel lado de la línea que divide y no divide

Psicosis o el abismo del Estupor

Un psicótico es aquel que, en un determinado momento, se encuentra en otra realidad. *Se va* de aquí, aunque esté aquí. Está y no está. Está en un otro lado en donde nosotros no estamos, aunque estemos junto a él.

Un psicótico tiene, en determinados momentos de su proceso, distorsiones perceptivas. Tiene alucinaciones y/o delirios.

La alucinación es percibir lo que allí no está. Ver lo que no hay, escuchar lo que no se dice, percibir olores, sensaciones táctiles, sabores sin que haya ningún estímulo provocando estas percepciones. Así, el psicótico, cuando se encuentra en ese momento, está en *otra realidad,* o al menos en una realidad que tiene elementos que no se encuentran en esta realidad.

Por otro lado, el delirio es habitar una trama que no existe. Entrar en un relato, en una historia que no es compartida por el resto de las personas. Una realidad fuera (o dentro) de la realidad. Una película fuera (o dentro) de la película.

Aquí hay una línea. La línea que divide la realidad que todos experimentamos y la realidad que el psicótico experimenta cuando está en la Fase Aguda de su brote psicótico.

Certeza

Sin embargo, ni siquiera eso es lo crucial. Lo crucial es la pregunta:

«¿Vos te das cuenta de que eso que experimentas quizá no existe fuera de tu experiencia?»

Y allí, la certeza. *La certeza que determina psicosis.*

«Claro que existe. Yo lo estoy viendo.»

Como mi paciente, Pedro, que veía esqueletos sobre su armario y que cuando, luego de mucho tiempo de tratamiento ya había conseguido dudar de su certeza, seguía sin embargo sin poder completar la frase. Y ante mi pregunta sólo podía responder «Sí, quizá no existe, pero... yo los veo».

Porque es allí, en esta certeza donde el psicótico no puede diferenciar su percepción de la realidad, donde el psicótico cree más en lo que él percibe que en lo que es. Como un niño que cree a pie juntillas en lo que los padres le dicen y no consigue comprender que no es posible que tres hombres en camello ingresen en un departamento en el piso octavo un 5 de enero a la madrugada para dejarle regalos. No consigue comprender que no es posible porque sus padres le dicen que eso ocurre.

Claro, no es lo mismo, porque el niño es un niño.

¿Y el psicótico?

Claro, por supuesto que no es lo mismo. Así como no es lo mismo lo que le ocurre al psicótico que lo que nos ocurre a aquellos que no lo somos. A aquellos que no vemos la nave extraterrestre enviándonos un rayo de luz o los esqueletos sobre nuestro armario; a aquellos que no tenemos estas distorsiones cognitivas ni entramos en la trama dentro de la trama llamada delirio, como lo hace John Nash, el célebre matemático, que tal como se cuenta en la película *Una mente brillante* pasa semanas destinando casi todo su tiempo y energía a descubrir mensajes ocultos en las publicaciones de los diarios porque un enviado inexistente del gobierno le encargó esa misión secreta.

No, a nosotros, los que no somos psicóticos, no nos ocurre eso. (¡Por suerte! ¡Qué bueno! ¡Qué alivio! ¡Pobre el psicótico! ¡Cuánta pena siento por él y qué suerte que no me ocurre a mí!)

Qué bien, la línea que divide.

Y es verdad, no nos ocurre eso.

Pero ¿qué ocurrió ayer en la reunión a la que fui a la noche? ¿Es verdad que todos suspiraron para sus adentros pensando "¡Uf, ya llegó!" cuando entré en la sala? ¿Realmente mi jefe quiere arruinarme la vida? ¿Es verdad que la mujer o el hombre a quien deseo acercarme se reiría de mí si lo intento? ¿En serio ese paciente que acaba de irse me odia y nunca volverá a la sesión? ¿En realidad todos creen que soy el mejor del universo? ¿O el peor? ¿O la vida está contra mí? ¿O Dios me ama?

Qué mal, la línea que no divide.

Y también aquí quizá, la pregunta

«¿Vos te das cuenta de que eso que experimentas quizá no existe fuera de tu experiencia?»

¿Y mi respuesta?

Es verdad, no somos psicóticos. Porque psicosis es un término psicopatológico y para pertenecer al grupo que este término delimita hay que verificar ciertas condiciones, con determinados criterios diagnósticos. Y la mayoría de nosotros no cumplimos con ellos.

Y aquí el alivio, y la línea que nos salva y a la que nos aferramos como a un salvavidas.

Sin embargo ¿no compartimos tantas y tantas veces esa "experiencia psicótica" que nos hace estar seguros de creer en algo que no existe? ¿O que al menos no sabemos si existe? ¿No estamos también nosotros, los *no psicóticos*, tantas veces en esa zona ambigua y difusa, en esa zona neblinosa en la que los contornos que delimitan la realidad y la no realidad se difuminan, se debilitan, se hacen poco claros? Como una línea que se interrumpe y vuelve a aparecer y se interrumpe y vuelve a aparecer, una y otra vez.

Y entonces ¿Por qué no aferrarnos a la realidad? ¿Por qué no corrernos de nosotros mismos y agarrarnos fuerte a aquello que es en realidad?

¿Por qué? Quizá porque si lo hiciéramos habría un duelo que hacer.

Ya que, si no es la gente de la fiesta la que me rechaza ¿quién es entonces quien me rechaza? ¿O quién me rechazó en mi vida que hace que tenga la herida del rechazo tan abierta? Quizá porque ver la realidad duele. Pero no duele por la realidad en sí, duele porque para ver la realidad habrá que ver que lo que nos tapa la realidad es nuestro, no de la realidad.

Quizá mi paciente Pedro necesita más estructura de la que hoy tiene para poder decir y decirse que no hay esqueletos, aunque él los vea; para ver que el tema no son los esqueletos sino él. Y quizá yo también necesite más estructura de la que hoy tengo para poder decir que el tema no es la gente de la fiesta o mi jefe o la mujer o el hombre a quien deseo acercarme o el paciente... sino yo.

Y para mirarme. Porque mirar(nos) (nos) duele.

Aquí, en esta zona de la línea en donde no hay línea, en este espacio entre el fragmento de la línea que ya pasó y el que viene; aquí, en donde estoy en el abismo y no llegó aún el fragmento de línea que volverá a salvarme de estar en el mismo mundo del psicótico; aquí, el psicótico es mi hermano.

No soy como él y soy como él.

Y no soy como él. Y soy como él.

Creando un mundo para no ver(me).

Reconocer(me) en el psicótico dándome cuenta de que no soy un psicótico reconociéndome en el psicótico dándome cuenta de que no soy un psicótico reconociéndome en el psicótico...

Así es la danza para los que atendemos desde la Mirada de las Escenas Matrices.

La danza interminable entre psicosis y neurosis.

¿Qué hace falta para ser psicótico?

Por supuesto para poder ser diagnosticado como psicótico hace falta cumplir con determinados criterios diagnósticos. Estos criterios diagnósticos los podemos encontrar en los diferentes Manuales de Criterios Diagnósticos, como el DSM IV, DSM V, etcétera.

Si bien existen varios cuadros psicóticos de diferente importancia tomaremos la Esquizofrenia por ser aquel en el que se encuentran los criterios más comunes y nucleares presentes en la mayoría de los diferentes cuadros psicóticos.

En su última edición, el DSM V nos dice que los criterios diagnósticos para la Esquizofrenia son los siguientes[10]

A. Dos (o más) de los síntomas siguientes, cada uno de ellos presente durante una parte significativa de tiempo durante un período de un mes (o menos si se trató con éxito). Al menos uno de ellos ha de ser (1), (2) o (3):

1. Delirios.

2. Alucinaciones.

3. Discurso desorganizado (por ejemplo, disgregación o incoherencia frecuente).

4. Comportamiento muy desorganizado o catatónico.

5. Síntomas negativos (es decir, expresión emotiva disminuida o abulia).

[10] DSM V *Manual diagnóstico y estadístico de los trastornos mentales* (2014) American Psychiatric Association.

B. Durante una parte significativa del tiempo desde el inicio del trastorno, el nivel de funcionamiento en uno o más ámbitos principales, como el trabajo, las relaciones interpersonales o el cuidado personal, está muy por debajo del nivel alcanzado antes del inicio (o cuando comienza en la infancia o la adolescencia, fracasa la consecución del nivel esperado de funcionamiento interpersonal, académico o laboral).

C. Los signos continuos del trastorno persisten durante un mínimo de seis meses. Este período de seis meses ha de incluir al menos un mes de síntomas (o menos si se trató con éxito) que cumplan el Criterio A (es decir, síntomas de fase activa) y puede incluir períodos de síntomas prodrómicos o residuales. Durante estos períodos prodrómicos o residuales, los signos del trastorno se pueden manifestar únicamente por síntomas negativos o por dos o más síntomas enumerados en el Criterio A presentes de forma atenuada (por ejemplo, creencias extrañas, experiencias perceptivas inhabituales).

D. Se han descartado el trastorno esquizoafectivo y el trastorno depresivo o bipolar con características psicóticas porque 1) no se han producido episodios maníacos o depresivos mayores de forma concurrente con los síntomas de fase activa, o 2) si se han producido episodios del estado de ánimo durante los síntomas de fase activa, han estado presentes sólo durante una mínima parte de la duración total de los períodos activo y residual de la enfermedad.

E. El trastorno no se puede atribuir a los efectos fisiológicos de una sustancia (por ejemplo, una droga o medicamento) o a otra afección médica.

F. Si existen antecedentes de un trastorno del espectro autista o de un trastorno de la comunicación de inicio en la infancia, el diagnóstico adicional de esquizofrenia sólo se hace si los delirios o alucinaciones notables, además de los otros síntomas requeridos para la esquizofrenia, también están presentes durante un mínimo de un mes (o menos si se trató con éxito)

Como es evidente, saber estos criterios es fundamental porque la comprensión de lo que se necesita desde la psiquiatría para diagnosticar una psicosis nos permite a nosotros, los psicólogos que trabajamos desde la Mirada de las Escenas Matrices estar vinculados con otras maneras y otros profesionales de la salud que llevan a cabo un trabajo fundamental y complementario con el nuestro. Desde las Escenas Matrices la apertura al otro, al diferente, es un movimiento indispensable. Y la apertura a la manera de pensar y de dar ayuda psiquiátrica, en aquellos cuadros que, como la psicosis, necesitan seguimiento psiquiátrico y que, por lo general incluye también la medicación, constituye un movimiento indispensable que ayuda al paciente y también a nosotros, los psicólogos.

Entendiendo esto, por supuesto, la Mirada de las Escenas Matrices no tomará estos criterios diagnósticos como algo rígido y que definen al sujeto, sino que los tomará como parámetros a partir de los cuales mirar. Parámetros que nos servirán pero que no nos atarán. Nos servirán para entender más al paciente, pero no para someter al paciente a estos parámetros. Es como comprar un pantalón, si el pantalón es demasiado chico no es el sujeto el que debe someterse al pantalón, sino que este pantalón no será el que sirva a este sujeto.

Dicho esto, ingresemos un punto más al menos, en el universo del psicótico desde la Mirada de las Escenas Matrices.

El universo del Psicótico desde la Mirada de las Escenas Matrices

Alucinaciones y Delirios

El psicótico tiene, como rasgo central de su sintomatología, la aparición de alucinaciones y/o delirios. Estas alucinaciones y/o delirios son, cuando aparecen, el universo del psicótico. En el momento del *brote psicótico* el psicótico vive en ese mundo. Estas alucinaciones y/o delirios pueden estar construidos de diferente manera y con diferentes temas. Así son frecuentes las alucinaciones visuales, auditivas, cinestésicas, olfativas y también los delirios de grandeza, persecutorios, místico, entre otros.

Sin embargo, si miramos con mayor profundidad veremos que, en definitiva, sean placenteros o no, todas las alucinaciones y/o delirios tienen un denominador común: Ponen al psicótico en el centro de la escena. Toda la película lo tiene como protagonista.

¿Por qué se da esto?

El síntoma desde la Mirada de las Escenas Matrices

Desde la Mirada de las Escenas Matrices, el síntoma nos dice algo, nos habla. Lo hace en un idioma que es probable que no conozcamos, pero nos habla. El síntoma es ese Nene/a que fui y que no vieron de una manera acorde a su necesidad, ese Nene/a al que no vieron con amor. Como en la Mirada de las Escenas Matrices trabajamos con escenas; cuando decimos "no vieron con amor" no nos referimos a un no verlo general, que incluya todo el vínculo con sus padres. No. Nos referimos a escenas puntuales, quizá innumerable cantidad de escenas, cotidianas, en apariencia sin importancia, micro-escenas quizá; sí, pero escenas puntuales al fin. Escenas en las que se ve toda una modalidad vincular; pero escenas, no generalidades.

Es así como el síntoma expresa hoy a aquel Nene/a que fui y al que sus padres no vieron con amor y que hoy yo tampoco puedo ver.

En la psicosis este Nene/a no mirado se da de manera nuclear, se da en el sentido de la identidad. Ronald Laing dice en su bello libro *El Yo dividido*[11] que lo que suele encontrarse en la infancia de la mayoría de los sujetos que luego desarrollan psicosis es, entre otras cosas, que son tratados como si no estuvieran allí. Esta doble situación del Nene/a que luego desarrollará una psicosis nos interesa de manera especial en la Mirada de las Escenas Matrices. De ninguna manera estamos diciendo que esta característica sea suficiente para

[11] LAING, Ronald (1960). *El yo dividido.* Fondo de cultura económica, México.

desarrollar una psicosis (ya que también es necesario considerar la cuestión de la tendencia, antecedentes, desórdenes químicos y muchas otras cuestiones) ni que en todo psicótico esté esto, pero hay un lugar en la experiencia del Nene/a que luego desarrollará una psicosis que tiene que ver con esto *doble*, esta doble experiencia de estar y no estar, de ser y no ser para sus padres. Esta profunda sensación en la que se le muestra al Nene algo que, en el fondo no está allí. No está pero tampoco sólo no está. No está, pero está.

Se podrá decir que, de alguna manera todos, psicóticos y no psicóticos tenemos esta experiencia en nuestra infancia. Y es verdad. Pero el psicótico la tiene, quizá en un punto más central de su estructura, en el punto de su identidad.

Esta doble cuestión de "ser tratado como si no estuviera allí", este "ser tratado" y, por lo tanto, estar, pero "como si no estuviera allí" y, por lo tanto, no estar es lo que, de alguna manera el psicótico reproduce en su síntoma: Está aquí y, a la vez, no está aquí; está en otra realidad. Está en otra realidad, pero a la vez está aquí. No está ni deja de estar.

Ahora, claro, en esa otra realidad es el centro de todos. Allí sí todos lo miran, allí sí todos tienen sus ojos posados en él. No importa si es para amarlo u odiarlo, allí todos lo ven.

¿No es esto lo que un Nene/a en su instancia más pequeña necesita de su madre: ser lo más importante para ella?

¿No expresa el psicótico en su síntoma también su profundo anhelo de ser lo más importante para otro? ¿No hay aquí un Nene/a anhelando a su mamá?

Por supuesto, por fin el síntoma lo deja de nuevo allí donde comenzó: Lo deja sólo. Al no poder vivir la realidad compartida, al vivir un mundo sólo vivido por él, el psicótico vuelve a quedar más sólo cada vez.

Porque eso es el síntoma: El intento por salir del desamor de los padres volviendo al desamor de los padres. Porque el síntoma es un Nene/a que busca a su mamá huyendo de su mamá y que, al fin, sólo encuentra a su mamá.

El Estupor

En la Psicosis o, mejor dicho, en el brote psicótico, el sujeto queda del "otro lado". En el momento del brote, en ese momento abismal en el que el sujeto se va, deja de estar aquí, aunque está aquí frente a nosotros, en ese momento el sujeto ingresa en el universo que no es.

Y es allí, en ese universo que no es o, mejor dicho, es en el instante en el que el sujeto se da cuenta de que habita —o acaba de habitar— un universo que no está en verdad aquí, en donde aparece aquella sensación que se encuentra en el núcleo de toda experiencia en la que el Nene no es mirado por sus padres. Aquella sensación a la que nos referimos antes y que está en el inicio de toda Escena Matriz en donde el Nene/a no es mirado, aquella sensación que es pre-emocional, pre-verbal, pre-racional. Aquella sensación que es, casi, pre-sensorial: *El Estupor*.

Como ya hemos señalado el Estupor es esa sensación que el Nene/a experimenta y a partir de la cual no puede creer que su madre (o padre) no pueda verlo en verdad. Esa sensación de incomprensión e incredulidad nuclear se da, de manera honda y abismal, diríamos de manera ontológica en la psicosis. Porque en la psicosis se da en el sentido del ser. La herida es tan profunda y se ha dado de manera tan nuclear tanto en el sentido del tiempo como de la profundidad que ha afectado a lo más propio del sujeto. Es entonces que el sujeto ha quedado anclado, de alguna manera, a ese Estupor primero que se le repite una y otra vez cada vez que se abisma a la (in)comprensión de que el mundo en el que vive —o ha vivido durante el brote— no existe en realidad. Esa (in)comprensión, incredulidad, Estupor es lo primero que el Nene/a experimenta cada vez que la Madre (o el Padre) no "lo ve". Porque el Nene no alcanza a comprender, no puede comprender cómo puede ser cierto que la Madre no lo vea, no lo vea a él, que es su hijo/a. De la misma manera en la que el psicótico no puede comprender cómo puede ser cierto que el mundo en el que él vive —o ha vivido durante el brote—, no sea, en realidad, el mundo.

Así, como el Estupor es pre-verbal, el psicótico queda del "otro lado de la línea", porque el "otro lado de la línea" es el lado en el que lo comprensible deja de ser comprensible. En el que lo comprensible dejó de ser.

El Estupor y de nuevo la línea
que divide y no divide

Como hemos señalado no somos psicóticos. Es importante decirlo con contundencia, para que nadie —sobre todo nosotros mismos— dude de esta verdad y no nos vincule de ninguna manera con aquel ser que está y no está aquí, que habita un otro mundo en evidencia imaginario.

Y como no somos psicóticos no tenemos al Estupor como estado fundamental y básico en el que hemos quedado detenidos, como herida abierta y abismal, como herida fundamental de nuestro psiquismo.

Y es verdad.

Sin embargo ¿qué es lo que experimentamos cuando nos damos cuenta de que aquello que creíamos y en lo que se basaba gran parte de nuestra vida no es en realidad como pensamos? ¿Qué nos ocurre cuando nos damos cuenta de que nuestra pareja tiene otra relación hace quince años y que la relación está aquí, delante de nuestras narices y nunca la habíamos percibido? ¿O que aquello que estaba seguro de que pensaban de mí nunca lo habían pensado? ¿O que lo que yo creía que nunca podría hacerlo en realidad podría haberlo hecho y, además, podría hacerlo incluso ahora?

¿Qué experimento cuando algo del mundo que siempre imaginé y en el que siempre he vivido se me rompe, estalla frente a mí y me encuentro jugando un juego del que cambiaron todas las reglas?

Cuando cumplí cuarenta años decidí festejar mi cumpleaños luego de casi treinta de no hacerlo. Al pensar en por qué no había festejado mi cumpleaños desde hacía tanto me di cuenta de que no lo había hecho porque estaba seguro de que no vendría nadie. Entendiendo esto y estando en un proceso terapéutico, ese año decidí festejarlo con la convicción de que la realidad me daría la razón y nadie acudiría. Fue así como invité a diez personas y vinieron treinta.

Me recuerdo a mí mismo, caminando entre la gente que había venido a festejarme y preguntarme incrédulo ¿por qué vino tanta gente? Y teniendo que admitir, pese a mí mismo, casi con pena "Será porque me quieren".

¿No es este también un momento de *Estupor*? ¿No es este también un instante en el que uno se da cuenta que ha vivido en un mundo propio, que sólo era una creación hecha a imagen y semejanza de las propias voces internas, de la propia locura? ¿No es este momento tan similar al momento en el que el psicótico se da cuenta de que el plato volador al que se ha dedicado a pensar, a temer, a evitar o a vincularse durante años y al que ha dedicado una cantidad de energía inconmensurable, en realidad no existe? ¿No es un quiebre del mundo? ¿Un quiebre del mundo quizá para salir al mundo, pero un quiebre del mundo al fin?

¿No es, a la vez, si puedo abismarme, un morirme para parirme de nuevo?

Se me dirá que no hay alucinaciones ni delirios, que no hay peligro vital ni para mí ni para otro, que no se necesita medicación si yo no festejara tampoco mi cuarentavo cumpleaños y siguiera creyendo de manera empecinada y loca que no soy querido y que nadie vendría. Y es verdad, no hay nada de eso y es por eso por lo que no soy diagnosticado como psicótico.

Y de nuevo entonces esta línea, que separa y no separa, que divide y no divide.

No soy psicótico, es verdad, pero si nada tengo que ver con la psicosis, si no puedo yo también abismarme al estupor que me genera mi propia locura no diagnosticable, si no puedo conmoverme con la potencia que tiene el mundo que yo también me creo y que me separa del mundo, no puedo, entonces, mirar al psicótico como el hermano que también es. Como el yo que también soy en otro.

Y quizá aquí una locura, otra locura, quizá aquí la locura: No darme cuenta de que el psicótico es también mi hermano. No darme cuenta de que, de alguna manera, el psicótico también soy yo, puesto en otro.

Aunque yo no sea, en sentido estricto, un psicótico; también el psicótico sea, de alguna manera yo, puesto en otro.

El Psicótico como el límite del propio contacto conmigo mismo

¿Por qué, para quienes trabajamos desde la Mirada de las Escenas Matrices, la psicosis es tan fundamental?

¿Porque anhelamos ayudar a aquellos pacientes psicóticos o que padecen o han padecido brotes psicóticos?

Sí, por supuesto.

Pero hay algo más: La psicosis es también un límite.

Existe, entre quienes somos neuróticos y el psicótico, un límite entre lo que podemos comprender y lo que no. Y aquí, el verbo *comprender* se encuentra, quizá, demasiado cerca del verbo *controlar* o del verbo *prever*.

Porque en la psicosis hay algo *incomprensible*, que se nos escapa, algo indescifrable. Y, por lo tanto, algo *incontrolable*, algo *imprevisible*.

Algo a lo que tememos.

Y es por ello por lo que, para quienes trabajamos desde la Mirada de las Escenas Matrices, nos resulta imprescindible mirar la psicosis y al psicótico con la mayor cercanía posible, más allá de que nos dediquemos o no a trabajar con pacientes psicóticos habituales o excepcionales.

Porque, desde la Mirada de las Escenas Matrices, sólo podemos ayudar allí donde, de alguna manera nos reconocemos.

Allí con quien, de una u otra forma, contactamos; entendiendo por *contactar* el experimentar lo que el otro experimenta sin transformarme en ese otro.

Y es por ello por lo que la psicosis se nos vuelve un desafío; un desafío complejo pero inevitable. Porque es una invitación a mirar aquello de mí que no reconozco en mí. Porque no soy psicótico, pero ¿quién me asegura que no voy a entrar en ese mundo incontrolable? Y para ello, necesito poder darme cuenta cuántas micro-formas tengo yo de entrar en esa especie de ilusión (¿delirio?) a partir de la cual me muevo tantas veces en mi vida. Creyendo como creo en todas esas sensaciones o pensamientos de las cuales no dudo (¿alucinaciones?), al menos hasta que, casi reponiéndome de mí mismo, comienzo a dudar.

Porque si lo consigo allí, si puedo contactar con el universo psicótico en mí, aunque no sea en rigor un psicótico, entonces podré hacerlo con cada uno de los otros cuadros psicopatológicos que pertenecen al universo neurótico, es decir que pertenecen ya a mi propio universo.

Porque si consigo reconocerme allí donde sólo me veo diferente, entonces podré reconocerme también allí donde me reconozco, de una u otra manera, como un par.

Por eso la psicosis es un límite, es un terreno propio nunca habitado, plagado de oscuridades, de monstruos, de sombras.

Porque en la psicosis habitan nuestras sombras.

Habita aquello de mí que no reconozco de mí.

Porque como señala Isabel Díaz Varcárcel, psicoanalista y también hermana —valga el término— de una persona con esquizofrenia, en el extraordinario documental *1% esquizofrenia*[12]:

"El problema de la esquizofrenia es el miedo a uno mismo.
El miedo a la locura no es el miedo a la locura del otro, que si es del otro ¿qué te va a hacer la del otro?
No, amiga, es la tuya.
Es la tuya."

---

[12] «1% Esquizofrenia» – Dirigido por Ione Hernández-Julio Medem y Producido por Alicia Produce. Disponible en YouTube en *www.youtube.com/watch?v=Ry0edSVxArw&t=8s*

Capítulo IV
Neurosis

De este lado de la línea que divide y no divide

Neurosis o la locura de los que somos normales

Como hemos señalado antes, Psicosis y Neurosis son las dos grandes regiones psicopatológicas. Y, en este sentido, decimos que, desde la Mirada de las Escenas Matrices, la Psicosis o la Neurosis es aquella manera en la que el Nene/a que he sido se hace ver en mí para que Yo pueda dar un paso más en su sanación. Es decir, es la manera en la que, aquella parte mía que ha sido herida en la infancia —en mayor o menor medida y profundidad— se hace ver hoy, aquí, en mi vida cotidiana para que Yo pueda, al verla, sanarla en parte y ayudarla a continuar con su crecimiento; crecimiento que quedó detenido cuando fue herida.

En este sentido, cada vez que esta parte se hace ver en mí, lo hace en lo que hemos llamado *Escenas Copia*[13]; es decir que la Neurosis se ve en las Escenas Copia o, dicho de otra manera, la Escena Copia es la *casa* en la que se ve la Psicosis o la Neurosis.

[13] WEINTRAUB, Marcelo (2022). *Sanando al niño que fui*. Ed. El Aleph, Buenos Aires.

Por supuesto, para que haya Psicosis o Neurosis debe haber un Nene/a herido, pero esto no alcanza. Debe haber, en realidad, un Nene/a herido y que este Nene/a herido aún hoy no sea mirado en profundidad por un Padre/Madre. Si este Nene/a herido se da, en efecto, en un Nene/a (es decir, un sujeto que no ha alcanzado la edad biológicamente adulta) es porque este Nene/a no está siendo mirado aún hoy por los Padres biológicos que aún tienen la función de Padres. Si este Nene/a herido se da en un sujeto biológicamente adulto es porque este Nene/a no está siendo mirado aún hoy por el sujeto adulto, que es quien hoy tiene la función de Padre/Madre.

Así, como señalamos, el Nene/a herido no es un Psicótico o un Neurótico en sí, sino que, para que haya en verdad un Psicótico o un Neurótico es necesario un Nene/a herido que aún hoy no está siendo mirado y que expresa su necesidad/derecho a ser mirado a través de una Escena Copia en la que se ve un acto Psicótico o Neurótico.

Ahora bien, como podrá verse esto es común a ambas regiones psicopatológicas.

Pero, sin embargo, a diferencia de la Psicosis, cuando hablamos de Neurosis hablamos de normalidad. La Neurosis es lo normal, lo común a la mayoría. Y decimos que es lo normal porque, a menos que el sujeto padezca una patología que afecte con gravedad su crecimiento mental, cuando el sujeto no es psicótico es neurótico.

En este sentido, como puede observarse, todos los que estamos "de este lado de la línea que divide y no divide", somos neuróticos.

Normalidad, Salud y Neurosis

Como ya señalamos, cuando hablamos de Neurosis hablamos de normalidad porque la Neurosis es lo normal, lo común a la mayoría. Y esto es en realidad la *normalidad*, un parámetro de la mayoría, no de la salud.

Normalidad habla de habitualidad y de mayoría mientras que *salud* habla de lo bueno para el sujeto, de aquello en lo que el sujeto está vinculándose con la Vida, pegadito a la Vida, como decimos en Escenas Matrices.

Porque en todo acto neurótico el sujeto está, en realidad, de una u otra manera, vinculándose con los Padres (muchas veces con los Padres puestos en otro) y no con la Vida.

Ahora bien, si la salud es estar vinculándose con la Vida y la normalidad es ser Neuróticos ¿No somos saludables?

Somos y no somos saludables. Es decir, la Neurosis se da en actos, se da en escenas. Se da allí donde entramos en la otra dimensión, la dimensión en la que parece que estamos vinculados con la Vida, pero en la que, en realidad estamos vinculados con los Padres puestos en la Vida. Se da en determinados momentos, situaciones. Se da en las Escenas Copia.

Por eso decimos que la Neurosis convive con la salud. Es decir que en el mismo sujeto conviven Salud y Neurosis, como dos instancias, dos momentos, dos tipos de Escenas que el sujeto lleva a cabo y despliega en su vida cotidiana.

Y como la Neurosis es la enfermedad del psiquismo no psicótico, decimos que enfermedad y salud conviven en el mismo sujeto.

Y que nuestra tarea, como sujetos adultos, es poder ser cada vez un poco más saludables y menos neuróticos. Siempre sabiendo que una parte nuestra volverá a habitar la neurosis en determinadas escenas y no pretendiendo extirpar en su totalidad toda la neurosis para siempre. Porque querer extirpar toda la neurosis para siempre es, de por sí, un anhelo neurótico.

Así, es fundamental poder comprender que:

Normalidad y salud son criterios que refieren a cuestiones diferentes.

La salud no es sinónimo de normalidad, pero tampoco es su antónimo.

Lo contrario de la salud, para las personas normales, es la neurosis.

Salud y neurosis conviven en el mismo sujeto.

Quizá, nuestra tarea, es aumentar los porcentajes de la salud en detrimento de los de la neurosis. O, dicho de otra manera, poder ir sanando al Niño que fui y que hoy está en mi interior para que tenga cada vez menos necesidad de expresar su herida aún no mirada en forma de Escenas Copia.

Con esta intención y con esta consciencia nos introduciremos a continuación en los diferentes Cuadros Psicopatológicos más frecuentes del universo Neurótico.

Los diferentes Cuadros Psicopatológicos de la Neurosis desde la Mirada de las Escenas Matrices

A continuación, nos internaremos en la intrincada trama de los Cuadros Psicopatológicos Neuróticos y lo haremos, como es lógico, desde la Mirada de las Escenas Matrices.

No intentaremos en este viaje una descripción objetiva ni tampoco una enumeración de los síntomas que se necesitan para diagnosticar uno u otro cuadro, o, lo haremos, pero sólo como un dato secundario, no uno central. Como hemos señalado antes, este tipo de descripción, de una manera más detallada, podemos encontrarla ya en los diferentes manuales de criterios diagnósticos que enumeran los síntomas que es necesario encontrar en el paciente para incluirlo dentro de determinado cuadro o de otro. Esta descripción es, como ya hemos señalado, valiosa e imprescindible.

Sin embargo, nuestro viaje tiene otros puertos de destino. Conociendo los criterios diagnósticos antes mencionados y tomándolos como parámetros intentaremos, por un lado, ahondar en la vivencia psicopatológica del paciente, por otro intentar comprender de qué manera determinados síntomas son en realidad formas a partir de las cuales el sujeto intenta escapar o anestesiar su angustia o tristeza nuclear y, por fin, intentar contactar con esa angustia y esa manera de escape de la angustia en nosotros mismos.

Porque, como hemos dicho, sólo puedo ayudar de verdad a todo aquel con quien, a la vez, me identifico y de quien me diferencio. Me identifico porque conozco aquel pozo que el otro me muestra y en el que se encuentra y me diferencio porque algo del camino de la sanación que en él quizá aún no se ha dado, ya se ha dado y se está dando en mí

Por eso, aquí vamos. A hacer escala en los diferentes puertos de este mar común.

1. Trastornos del Estado de Ánimo

O la Tristeza de Pozo

En el DSM IV la categoría Trastornos del Estado de Ánimo incluía lo que en el DSM V está dividido en dos categorías diferentes: El Trastornos Bipolar y trastornos relacionados y los Trastornos Depresivos[14]

Estas dos categorías si bien ampliadas y con el agregado de algún otro trastorno como el Trastorno de Desregulación Disruptiva del Estado de Ánimo constituyen lo que antes se encontraba de manera nuclear en los llamados Trastornos del Estado de Ánimo del DSM IV[15]

A fines prácticos y con la intención de no distraer la mirada del lector de aquello que me parece lo fundamental, tomaré la categorización del DSM IV e incluiremos en la categoría Trastornos del Estado de Ánimo a aquellos trastornos mencionados allí.

[14] DSM V *Manual diagnóstico y estadístico de los trastornos mentales* (2014). American Psychiatric Association.
[15] DSM IV *Manual diagnóstico y estadístico de los trastornos mentales* (2002). Masson S.A.

A continuación, nos centraremos en lo que, en mi opinión es lo fundamental y, además, en los trastornos nucleares de este grupo.

Depresión

El *Trastorno de Depresión Mayor* aparece casi de manera textual en ambos manuales de criterios diagnósticos. Veamos cuáles son los Criterios Diagnósticos para el DSM V[16]

> A. *Cinco (o más) de los síntomas siguientes han estado presentes durante el mismo período de dos semanas y representan un cambio del funcionamiento previo; al menos uno de los síntomas es (1) estado de ánimo deprimido o (2) pérdida de interés o de placer.*
>
> B. *Nota: No incluir síntomas que se pueden atribuir claramente a otra afección médica.*
>
> > 1. *Estado de ánimo deprimido la mayor parte del día, casi todos los días, según se desprende de la información subjetiva (por ejemplo, se siente triste, vacío, sin esperanza) o de la observación por parte de otras personas (por ejemplo, se le ve lloroso). (Nota: En niños y adolescentes, el estado de ánimo puede ser irritable.)*

[16] DSM V *Manual diagnóstico y estadístico de los trastornos mentales* (2014). American Psychiatric Association.

2. *Disminución importante del interés o el placer por todas o casi todas las actividades la mayor parte del día, casi todos los días (como se desprende de la información subjetiva o de la observación). Trastorno de depresión mayor 161.*

3. *Pérdida importante de peso sin hacer dieta o aumento de peso (por ejemplo, modificación de más de un 5% del peso corporal en un mes) o disminución o aumento del apetito casi todos los días. (Nota: En los niños, considerar el fracaso para el aumento de peso esperado.)*

4. *Insomnio o hipersomnia casi todos los días.*

5. *Agitación o retraso psicomotor casi todos los días (observable por parte de otros, no simplemente la sensación subjetiva de inquietud o de enlentecimiento).*

6. *Fatiga o pérdida de energía casi todos los días.*

7. *Sentimiento de inutilidad o culpabilidad excesiva o inapropiada (que puede ser delirante) casi todos los días (no simplemente el autorreproche o culpa por estar enfermo).*

8. *Disminución de la capacidad para pensar o concentrarse, o para tomar decisiones, casi todos los días (a partir de la información subjetiva o de la observación por parte de otras personas).*

9. *Pensamientos de muerte recurrentes (no sólo miedo a morir), ideas suicidas recurrentes sin un plan determinado, intento de suicidio o un plan específico para llevarlo a cabo.*

B. *Los síntomas causan malestar clínicamente significativo o deterioro en lo social, laboral u otras áreas importantes del funcionamiento.*

C. *El episodio no se puede atribuir a los efectos fisiológicos de una sustancia o de otra afección médica.*

Nota: *Los Criterios A-C constituyen un episodio de depresión mayor. Nota: Las respuestas a una pérdida significativa (por ejemplo, duelo, ruina económica, pérdidas debidas a una catástrofe natural, una enfermedad o discapacidad grave) pueden incluir el sentimiento de tristeza intensa, rumiación acerca de la pérdida, insomnio, pérdida del apetito y pérdida de peso que figuran en el Criterio A, y pueden simular un episodio depresivo. Aunque estos síntomas pueden ser comprensibles o considerarse apropiados a la pérdida, también se debería pensar atentamente en la presencia de un episodio de depresión mayor además de la respuesta normal a una pérdida significativa. Esta decisión requiere inevitablemente el criterio clínico basado en la historia del individuo y en las normas culturales para la expresión del malestar en el contexto de la pérdida.'*

D. El episodio de depresión mayor no se explica mejor por un trastorno esquizoafectivo, esquizofrenia, un trastorno esquizofreniforme, un trastorno delirante, u otro trastorno especificado o no especificado del espectro de la esquizofrenia y otros trastornos psicóticos.

E. Nunca ha habido un episodio maníaco o hipomaníaco.

Nota: *Esta exclusión no se aplica si todos los episodios de tipo maníaco o hipomaníaco son inducidos por sustancias o se pueden atribuir a los efectos fisiológicos de otra afección médica.*

Hasta aquí, los imprescindibles criterios que nos permitirán diagnosticar, al menos en un nivel, a una persona con *Trastorno de Depresión Mayor*, lo que en términos coloquiales suele llamarse, simplemente, *Depresión*.

A partir de aquí *¿Cómo vemos la Depresión desde la Mirada de las Escenas Matrices?*

La Depresión es un Nene/a no mirado.

Es un Nene/a que no ha sido mirado por su Madre y/o Padre (siempre un punto más por su Madre, en especial cuando es muy pequeño) y que no sólo no puede comprender cómo puede ser que no lo miren (Estupor) sino que, además experimenta la Tristeza profunda e inabarcable de ese no ser mirado por su Madre y/o Padre.

Este no ser mirado se experimenta como un pozo. Es decir, el lugar anímico que el Nene/a habita cuando se siente no mirado es similar al estar en un pozo, estar en el final de un pozo oscuro y sin final.

No es un lugar estático y definitivo, es un lugar al que nunca se alcanza a descender del todo, cuyo descenso nunca termina, un pozo sin fondo en el que hay mucho más la Tristeza de la oscuridad y de la soledad que el Miedo al descenso. Para que haya miedo debe aún haber cierta actividad, cierta esperanza, en la tristeza que conlleva la depresión que aquí estamos mencionando ya no la hay.

Esta oscuridad y esta soledad es tan profunda que sólo puede entenderse desde el anhelo de una Mamá que no está (también un Papá, pero la Mamá un punto más, en lo fundamental si la/s Escenas Matrices que dieron origen a la herida de base, se dieron cuando el Nene/a era aún muy pequeño).

Este pozo, este lugar oscuro y profundo que el Nene/a experimenta cuando no es mirado en profundidad por su Madre y/o Padre es lo que, desde la Mirada de las Escenas Matrices denominamos Depresión.

Es Tristeza, pero más.
Es oscuridad, pero más.
Es soledad, pero más.
Es la Tristeza de la no Mamá.
Es la oscuridad de la no Mamá.
Es la soledad de la no Mamá.
Siendo un Nene/a.
Un Nene/a que anhela a su Mamá.

Es la Depresión.

Y esta vivencia la tenemos todos.

Todos sabemos lo que es no ser mirado en profundidad por nuestra Madre y/o Padre.

Todos conocemos esa sensación de no ser visto, de no ser atendido en nuestra necesidad y/o respetado en nuestra emoción. Todos conocemos esto.

Por supuesto, este no ser visto puede darse en un rasgo menor o en el centro de nuestra identidad.

Puede darse en el deseo pequeño no validado del juguete de ocasión o en el núcleo de nuestra identidad, nuestra intimidad o nuestra sexualidad. Puede darse en una escena corta que casi no se ha repetido o a lo largo de los veintidós o veintitrés años en los que somos hijos o todo el tiempo, de forma crónica y permanente en aquellas zonas más constitutivas de nuestro ser. Por supuesto, no es lo mismo y las consecuencias serán diferentes y los movimientos de sanación a realizar también serán distintos.

Sin embargo, si hurgamos en la vivencia de aquel Nene/a que fuimos y contactamos con él, encontraremos en toda Escena Matriz en donde no fuimos mirados en profundidad esta sensación de pozo. Pequeño pozo si se quiere, pero pozo al fin.

Un pequeño ejemplo personal

Cierta vez estábamos de vacaciones con mi hija, que en ese momento tendría ocho años. Habíamos pasado unos días hermosos en un hotel en Iguazú (Argentina) y ella había entablado una excelente relación con las animadoras del espacio de juegos infantiles del hotel.

Al final llegó el momento de irnos y ella estaba muy triste.

Lloró un rato y yo la abracé calmándola, asegurándole que habría otras vacaciones y que, era probable que incluso volveríamos a ese hotel y quizás volvería a ver a esas mismas animadoras.

Ella seguía llorando y en un momento yo empecé a sentir que necesitaba que dejara de hacerlo (*empecé a sentir que* yo necesitaba *que dejara de hacerlo*). Entonces noté que mis consuelos eran más impacientes y que empezaba a estar más interesado en que ella dejara de llorar que en abrazarla en su tristeza.

Fue así como en un momento, aun llorando, me dijo:

—¿Puedo despedirme otra vez de Daniela (una de las animadoras)?

Yo vi la oportunidad y sin dudarlo respondí:

—Sí, mi amor, por supuesto. Pero no vayas llorando, estoy seguro de que a Daniela no le va a gustar verte llorando así.

Fue un momento crucial y de comprensión profunda por parte mía. Porque lo que mi hija hizo es lo que suelen hacer, de una u otra manera, todos los niños cuando el Padre/Madre lo manipula como estaba haciendo yo: Intenta ser como el Padre/Madre necesita, aunque no pueda.

Fue así como vi que mi hija pasaba de llorar a tragarse su llanto. Recuerdo que se puso más seria, apretó los labios y tragó saliva y puso una cara (a)emocional, aunque sus lágrimas aún aparecían en sus ojos. Estuvo así unos segundos hasta que, conmovido por lo que había visto y dándome cuenta de lo que estaba haciendo, pude tomarla en mis brazos y decirle:

—No, me equivoqué. Podés llorar todo lo que necesites. Seguro que Daniela va a entender que estás triste porque tenemos que irnos y si no lo entiende es un problema de ella.

Ese día pude advertir cómo no estaba pudiendo ver a mi hija, y que seguro que otros días no he podido hacerlo. Pero incluso en esta vez, en esta experiencia que duró unos dos minutos en total (y, es seguro y lamentable que también en otras), mi hija ha tenido la sensación de no ser mirada. Ha experimentado el pozo.

Es así como todos conocemos ese pozo, esa tristeza honda de no ser mirados por nuestra Madre y/o Padre y esa sensación de "no existo para mi Mamá/Papá" o "le molesta a mi Mamá/Papá" o de "algo que para mí es importante (una emoción, un deseo, un rasgo), no existe para mi Mamá/Papá" o "no le gusta a mi Mamá/Papá" que sólo puede ser vivida por un Nene/a.

El Paciente y su Depresión
O, mejor dicho, el Paciente y su Aspecto Deprimido

Ahora bien ¿qué ocurre con el Paciente que viene a sesión? ¿Qué ocurre con este sujeto adulto (es decir, de más de veintidós o veintitrés años) que se sienta ante mí y, de diferentes maneras, me cuenta o me niega su depresión?

En primer lugar, diremos que, desde la Mirada de las Escenas Matrices, no existe, en realidad, el Depresivo. Es decir, no existe un sujeto que sea un Depresivo.

Existe sí, un sujeto que esté experimentando una Depresión.

Esta ya es una diferencia; la Depresión no está en el ser del sujeto, está en el sentir, está en el ahora pero no lo constituye en lo esencial.

Puede, quizás, haber un desorden químico y entonces la psiquiatría deberá hacer lo suyo para ayudar también desde la medicación. Pero, más allá de ello, la Depresión es un sentir y no forma parte inherente del sujeto.

Como señalamos, ésta ya es una comprensión fundamental. Sin embargo, no es la única, y ni siquiera la más importante. Lo crucial en la Depresión es que no sólo el Sujeto no es un depresivo, sino que ni siquiera está deprimido, sino que el sujeto tiene en sí mismo un Aspecto que se siente deprimido. No es el sujeto, es un aspecto del sujeto. Quizá en apariencia este aspecto esté tomando a todo el sujeto, tanto que cuesta encontrar a la parte del sujeto que no está deprimida. Sí, quizá sí. Sin embargo, aunque la parte del sujeto que no esté deprimida casi no aparezca, está.

Ahora bien, que haya una parte no deprimida del sujeto, no quiere decir que éste deba enfocarse en esta parte para poder "salir de la Depresión". Nada más alejado de lo que intentamos decir.

Lo que intentamos decir en realidad es que, como la Depresión es un Nene/a no mirado en profundidad, el aspecto del sujeto que está deprimido es justo ese Nene/a que el sujeto ha sido, pero ahora dentro del sujeto. Dentro del sujeto y no mirado en profundidad por él. Por el sujeto mismo.

¿Cómo? De esta manera.

El esquema interno de la Depresión

Como hemos señalado en otras publicaciones al referirnos a la Tópica Vincular[17], dentro del psiquismo del sujeto encontramos, en principio, dos Aspectos diferentes: El Ejecutante y el Crítico/Guía.

El Ejecutante es aquel aspecto que, en líneas generales, hace, siente y desea (o no hace, no siente y no desea) mientras que el Crítico/Guía es, en líneas generales, aquel aspecto, que "le dice cosas al Ejecutante" y "experimenta emociones hacia él". Es decir, el Ejecutante es, en lo fundamental el cuerpo y el sentir, mientras que el Crítico/Guía es la mente.

Como es fácil comprender, el Ejecutante de hoy es, de una u otra manera, el Nene/a de ayer y el Crítico/Guía de hoy es el Padre/Madre de ayer.

Ahora bien, como hemos señalado, la Depresión es un Nene/a no mirado. Y este Nene/a no mirado (por su Padre/Madre) siempre se da en alguna Escena Matriz y, por lo general, en más de una. En este sentido,

---

[17] WEINTRAUB, Mauricio (2022). *Sanando al niño que fui*. Ed. El Aleph, Buenos Aires.

cuando el sujeto está hoy deprimido o, mejor dicho, tiene hoy un aspecto deprimido, este aspecto está en un vínculo hoy que lo deprime. Porque, si la Depresión es un Nene/a no mirado, para que haya hoy un aspecto deprimido, es decir, un Nene/a no mirado, debe haber alguien que "no lo mire". Es decir que la Depresión es producto de un vínculo. Este vínculo estuvo dado, en la Escenas Matrices, por el Padre/Madre en su relación con el Nene/a y en la actualidad está dado por el Crítico/Guía en su relación con el Ejecutante.

Es así como decimos que, cuando el paciente está deprimido está, en realidad, expresando un vínculo entre un Crítico/Guía que deprime y un Ejecutante que está siendo deprimido.

Y este es el vínculo de la Depresión, el vínculo entre un Padre/Madre que deprime y un Hijo/a que es deprimido/a.

De qué manera el Padre/Madre deprime al Nene/a hoy

Para entender de qué manera el Padre/Madre suele deprimir al Nene/a es necesario seguir a Aaron Beck[18] que, a través de su Tríada de la Depresión, nos dice que el Deprimido siempre tiene una idea negativa de Sí mismo, del Futuro y de los Demás.

Esto que Beck pone en el "Deprimido", desde las Escenas Matrices lo ponemos en el Crítico/Guía. Es decir, desde las Escenas Matrices, el sujeto que experi-

[18] BECK, Aaron (1983) *Terapia Cognitiva de la Depresión*. Ed. Desclée de Brouwer.

menta una Depresión tiene un Crítico/Guía que suele mostrarle al Ejecutante un Mundo Negativo, un Futuro Negativo y al mismo Ejecutante como Negativo.

Es decir que, este Ejecutante, convive en el interior del sujeto, con un Padre/Madre (Crítico/Guía) que, en mayor o menor medida, le habla mal del Mundo, del Futuro y del Ejecutante mismo. Y esto se da de manera más o menos permanente e independiente de lo que este Ejecutante haga en el mundo.

Susana, 35 años

Paciente —Tengo miedo de dormir si no hay una luz prendida o, al menos, algo de claridad.

Terapeuta —Si bien podríamos pensar por qué siendo adulta tenés este miedo, en principio te pregunto ¿Por qué habría que dormir en un lugar absolutamente oscuro?

P —Bueno, no sé, soy adulta y creo que tendría que poder dormir sin ninguna luz.

T —O quizá permitirte dejar una pequeña luz o algo de la persiana abierta para que entre alguna claridad.

Como aparece en el extracto de sesión, si bien se podría haber seguido el camino de ver por qué la paciente no puede dormir en un lugar oscuro, este ejemplo nos sirve para poder ver que Susana tiene, por un lado, una parte que teme a la oscuridad (el Ejecutante) y, por otro, otra parte que le dice a la primera que tiene que poder dormir sin ninguna luz (el Crítico/Guía) y que, cuando el Ejecutante experimenta temor, la culpa por no poder dormir con la luz apagada. Vemos aquí cómo el Crítico/Guía le dice al Ejecutante que, así como es, está mal y que debería ser diferente (Idea negativa sobre sí misma).

Este punto es, digámoslo así, anterior a por qué este Ejecutante que está dentro de Susana no puede dormir en la oscuridad y en realidad esto sólo podría indagarse de verdad si el Crítico/Guía no pensara de manera negativa acerca de este Ejecutante al que le cuesta dormir en la oscuridad. Como podrá comprenderse no es lo mismo que, ante el mismo Ejecutante que teme, el Crítico/Guía diga "deberías poder dormir en la oscuridad" a que pregunte "¿por qué no podés dormir en la oscuridad?". Como se ve, la primera es una acusación, la segunda es una pregunta; la acusación cierra, la pregunta abre.

Sin embargo, eso no fue todo en la sesión con Susana ya que, de inmediato, sucedió lo siguiente:

P —Es verdad. No me di cuenta de que podría dormir con la persiana un poco abierta y entonces ya la oscuridad no sería absoluta.

T —Sí.

P —(Se angustia y comienza a llorar)

T —¿Qué te conmueve?

P —(Llora) Que no puedo entender cómo no me di cuenta antes.

T —Bueno, para eso venís a terapia. Si te dieras cuenta de lo que te ocurre ya no necesitarías venir.

Vemos aquí, de nuevo, la misma *culpabilización* que antes aparecía como "deberías poder dormir en la oscuridad" y que ahora aparece bajo la forma de "deberías haberte dado cuenta".

O, dicho de otra manera, de nuevo el Crítico/Guía culpa al Ejecutante, antes con respecto a la oscuridad, ahora con respecto al darse cuenta.

Es decir, otra vez el Ejecutante es el culpado, de nuevo es el que está mal. Una vez más el Crítico/Guía deprime al Ejecutante. Y el Ejecutante vuelve a estar deprimido (por el Crítico/Guía), antes por no poder dormir en la oscuridad, ahora por no haberse dado cuenta de que podría haber dejado la persiana entreabierta.

Así, como hemos dicho, la Depresión es un Nene/a no mirado. Un Nene/a no mirado en la infancia por su Padre/Madre, pero también, y en realidad un Nene/a no mirado hoy (en forma de Ejecutante), en el interior del sujeto por el Crítico/Guía.

Por supuesto, cuando en la sesión indagamos acerca de cómo este Crítico/Guía aprendió a tratar al Ejecutante, nos encontramos con las Escenas Matrices que se encuentran en la infancia de Susana.

T —Es interesante esta forma de tratarte y de culpabilizarte, Susana. Te pregunto ¿Recordás alguna situación en tu infancia en la que te hayas sentido culpabilizada?

P —¿Alguna? Todas las situaciones.

T —¿Me contarías alguna?

P —Todo el tiempo mi mamá me culpaba a mí y a mi hermano por todo. En definitiva, nos culpaba porque se sentía mal, por todo.

T —¿Recordás algún hecho puntual?

P —Mirá, para que tengas una idea, recuerdo una vez, cuando yo tendría unos ocho o nueve años, que mi mamá estaba hablando con alguien por teléfono, no sé si una amiga o algo así. Yo estaba en otra habitación, pero podía escuchar la conversación; no estaba haciendo nada, creo que estaba pensando en algo, nada de nada. Y escucho que mi mamá le dice a su amiga: "Te tengo que dejar, porque estos chicos me vuelven loca". Y le cortó.

Como vemos, la culpabilización de la mamá de Susana se introyecta en Susana en forma de Crítico/Guía, quedando la Nena introyectada como el Ejecutante.

Así, cuando la mamá de Susana culpabiliza a la Nena por su sensación de tristeza, desgano, enojo o por su propia angustia, esta mamá *no ve* a la Nena. *No ve* significa que no la está pudiendo ver a ella, a la Nena. Entre la Nena y la mamá hay una serie de interferencias que provienen de las propias Escenas Matrices de la mamá aún no sanadas y que hacen que, cuando está ante su hija, esta mamá vea a su propia mamá, a la Nena que fue, a su hermana o a un cúmulo de personajes y situaciones que tienen que ver con ella y no con su hija. En este sentido es como *no la ve*, no la ve a ella, a la Nena. Y en este no verla, la Nena se deprime.

Luego esto pasa a Susana que, ya adulta, repite esta escena en su interior y es así como, en Susana habitan, por un lado, una Mamá *deprimidora* (en forma de Crítico/Guía) y una Nena deprimida (en forma de Ejecutante). Deprimida en la infancia por su mamá y deprimida hoy por el Crítico/Guía.

Sin embargo, esto no es todo. Una vueltita más

Por supuesto, nos queda aún dar un paso para poder comprender con mayor profundidad de qué manera está armado el universo del Nene/a deprimido/a.

Nos falta el otro Padre/Madre.

T —¿Y tu papá?

P —¿Qué pasa con mi papá?

T —Digo ¿dónde estaba tu papá cuando todo esto pasaba?

P —¿Mi papá? No, mi papá se fue cuando yo tenía cinco años y después de eso lo veía una o dos veces por año.

Aparece aquí el otro Padre/Madre. El que, en Escenas Matrices, conocemos como el Padre/Madre Bueno[19], es decir, aquel que, sin llevar a cabo la acción que daña al Nene/a, posibilita que está acción se lleve a cabo.

¿Por qué es importante este otro Padre/Madre?

---

[19] WEINTRAUB, Mauricio (2022). *Sanando al niño que fui.* Ed. El Aleph, Buenos Aires.

Porque también habita hoy en Susana, también construye la escena de la depresión. También este otro Padre/Madre no mira al Nene/a.

¿De qué manera? Siendo Susana misma. Porque es Susana quien hoy no alcanza a mirar el dolor profundo de este Ejecutante siempre culpado por su Crítico/Guía. Es Susana quien hoy valida lo que el Crítico/Guía dice y, en este validar al Crítico/Guía deja de ver al Ejecutante y lo abandona. Igual que su Padre en su infancia.

Así, la escena actual de la Depresión, al igual que la Escena Matriz, también está armada por tres personajes: El Ejecutante (la Nena en la Escena Matriz), el Crítico/Guía (la Madre en la Escena Matriz) y Susana misma (el Padre en la Escena Matriz) que, no cuestionando al Crítico/Guía, abandona al Ejecutante.

Así, la Nena/Ejecutante sigue deprimida.

Y sigue deprimida porque no es mirada; ni por su Madre (hecha Crítico/Guía) ni por un Padre de verdad Saludable (ya que Susana repite al Padre Bueno).

Lo propio de la Depresión

Así como lo propio de la Psicosis es el Estupor, lo propio de la Depresión es la Tristeza.

En este sentido, el lugar en el que habita el Psicótico es un lugar incomprensible y por eso el Estupor propio de quien no puede comprender, hacer inteligible, el mundo que lo rodea. De la misma manera, el lugar en el que habita el Depresivo es un pozo profundo. Puede comprender que está en un pozo, por eso no es el Estupor lo más significativo, pero está en un pozo oscuro y no mirado por sus Padres. Y por ello, la Tristeza.

Esta comprensión es importante, porque la Tristeza será lo propio de los Trastornos del Estado de Ánimo. Y, en definitiva, la Tristeza será lo propio, en última instancia, de todos los cuadros Neuróticos.

La última vueltita. Por ahora

Dicho todo lo anterior ¿Podemos decir entonces que Susana está deprimida?

Sí. Pero en realidad no. Pero en realidad sí. Pero en realidad no.

Podemos decir con propiedad que Susana tiene una parte deprimida (la Nena o el Ejecutante interno). Y que esta parte está siendo deprimida a cada momento por otra parte (el Crítico/Guía) por acción y por Susana misma por omisión.

Es decir que Susana misma contribuye, sin quererlo, a que su Nena interna esté deprimida.

Cuando un sujeto adulto sólo se siente deprimido, se siente un niño/a. Al identificarse con ese niño deprimido se transforma en él y, por lo tanto, no puede salir de allí.

En la adultez, uno es todo a la vez: El adulto tiene en su interior un Nene/a deprimido; deprimido en su historia por su Padre/Madre Malo y deprimido hoy en forma de Ejecutante por su Crítico/Guía. Pero también tiene un Crítico/Guía deprimidor que es igual al Padre/Madre Malo pero que hoy pertenece al adulto. Y también él mismo (el Adulto) actúa como su Padre/Madre

Bueno, permitiendo y posibilitando que el Crítico/Guía deprima al Ejecutante, tal como, en la infancia, hacía el Padre/Madre Bueno.

La adultez es darse cuenta de esto y hacerse cargo. Porque aquí —y sólo aquí—, Susana puede hacerse cargo de su parte deprimida. Aquí —y sólo aquí—, Susana puede hacerse cargo de su depresión.

Poniéndole límite y cuestionando en profundidad aquella parte interna que deprime a la Nena deprimida. Para lo cual deberá cuestionar a su madre culpabilizadora, sí. Pero también a su padre abandónico, sí. Para no repetirlo hoy.

Todos somos Susana

Por supuesto, esta mirada nos permite darnos cuenta de que todos somos Susana. Porque no todos estaremos deprimidos si nos atenemos al DSM IV o DSM V. Pero ¿quién no tiene también una parte deprimida? ¿Quién nunca no ha sido mirado? ¿Quién no se culpabiliza, no tiene una mirada negativa de sí mismo, del otro o del futuro en algún u otro aspecto o rasgo? ¿Quién no tiene también una mente (Crítico/Guía) que le dice a su Ejecutante que no sirve, que no vale, que nadie lo quiere y tantos etcéteras? Por supuesto, nuestra tarea será, cada vez un poco más, poder cuestionar esta voz interna, cada vez un poco más contactar con la Vida y ponerle límite a esta voz que, de una u otra manera, intenta (sin intención consciente) separar al Ejecutante de la Vida. Ponerle límite para que el Ejecutante pueda vincularse cada vez un poco más con los otros y expresar-se de una manera cada vez más saludable.

Sí, esa será nuestra tarea. Pero para ello debemos también cada uno de nosotros reconocernos hermanos de Susana, reconocernos también como Nenes/as no mirados. Reconocernos para mirar.

Reconocernos para no repetir.

Trastorno Bipolar

Como sabemos, cuando hablamos de Trastorno Bipolar, hablamos de manera indefectible de Episodio Maníaco. Es por ello que, antes de ingresar en el Trastorno Bipolar, nos referiremos en especial a este episodio.

Episodio Maníaco

Manía

En la Manía el sujeto busca desesperadamente experimentar Alegría Eufórica.

En este sentido lo Maníaco se da, justamente, por estos tres elementos:

—La búsqueda

—Que esta búsqueda se dé de manera desesperada

—Y que esta búsqueda desesperada sea referida a la experimentación de la Alegría Eufórica.

Por eso la manía no es un lugar de llegada, es una búsqueda hacia adelante que nunca llega o que, mejor dicho, en cuanto llega necesita más. Y luego más. Y más.

Episodio

La Manía no es un Trastorno, es un Episodio. En este sentido, la Manía se da de manera puntual, no es un estado crónico del sujeto, es un estado momentáneo. Es un estado momentáneo incluido en un estado crónico.

Ahora bien ¿Cuál es este estado crónico?

En este sentido será interesante volver al DSM, pero no sólo para ver cuáles son los síntomas que se necesitan para diagnosticar a un sujeto como Maníaco o como Bipolar sino para observar de qué manera ya en el DSM, que no es un manual que jerarquice la psicopatología, hay una jerarquía psicopatológica.

El Episodio Maníaco y el Hipomaníaco dentro del Trastorno Bipolar

En primer lugar, para diagnosticar un Episodio Maníaco, deben darse los siguientes indicadores[20].

> A. *Un período bien definido de estado de ánimo anormal y persistentemente elevado, expansivo o irritable, y un aumento anormal y persistente de la actividad o la energía, que dura como mínimo una semana y está presente la mayor parte del día, casi todos los días (o cualquier duración si se necesita hospitalización).*

[20] DSM V *Manual diagnóstico y estadístico de los trastornos mentales* (2014). American Psychiatric Association.

B. *Durante el período de alteración del estado de ánimo y aumento de la energía o la actividad, existen tres (o más) de los síntomas siguientes (cuatro si el estado de ánimo es sólo irritable) en un grado significativo y representan un cambio notorio del comportamiento habitual:*

1. *Aumento de la autoestima o sentimiento de grandeza.*

2. *Disminución de la necesidad de dormir (por ejemplo, se siente descansado después de sólo tres horas de sueño).*

3. *Más hablador de lo habitual o presión para mantener la conversación.*

4. *Fuga de ideas o experiencia subjetiva de que los pensamientos van a gran velocidad.*

5. *Facilidad de distracción (es decir, la atención cambia demasiado fácilmente a estímulos externos poco importantes o irrelevantes), según se informa o se observa.*

6. *Aumento de la actividad dirigida a un objetivo (social, en el trabajo o la escuela, o sexual) o agitación psicomotora (es decir, actividad sin ningún propósito no dirigida a un objetivo).*

7. *Participación excesiva en actividades que tienen muchas posibilidades de consecuencias dolorosas (por ejemplo, dedicarse de*

forma desenfrenada a compras, juergas, indiscreciones sexuales o inversiones de dinero imprudentes).

C. *La alteración del estado del ánimo es suficientemente grave para causar un deterioro importante en el funcionamiento social o laboral, para necesitar hospitalización con el fin de evitar el daño a sí mismo o a otros, o porque existen características psicóticas.*

D. *El episodio no se puede atribuir a los efectos fisiológicos de una sustancia (por ejemplo, una droga, un medicamento, otro tratamiento) o a otra afección médica.*

Mientras que para diagnosticar un Episodio Hipomaníaco debe darse lo siguiente[21]

A. *Un período bien definido de estado de ánimo anormal y persistentemente elevado, expansivo o irritable, y un aumento anormal y persistente de la actividad o la energía, que dura como mínimo cuatro días consecutivos y está presente la mayor parte del día, casi todos los días.*

B. *Durante el período de alteración del estado de ánimo y aumento de la energía y la actividad, han persistido tres (o más) de los síntomas*

[21] DSM V, Ob. Cit.

siguientes (cuatro si el estado de ánimo es sólo irritable), representan un cambio notorio del comportamiento habitual y han estado presentes en un grado significativo:

1. *Aumento de la autoestima o sentimiento de grandeza.*
2. *Disminución de la necesidad de dormir (por ejemplo, se siente descansado después de sólo tres horas de sueño).*
3. *Más hablador de lo habitual o presión para mantener la conversación. Trastorno bipolar II 133*
4. *Fuga de ideas o experiencia subjetiva de que los pensamientos van a gran velocidad.*
5. *Facilidad de distracción (es decir, la atención cambia demasiado fácilmente a estímulos externos poco importantes o irrelevantes), según se informa o se observa.*
6. *Aumento de la actividad dirigida a un objetivo (social, en el trabajo o la escuela, o sexual) o agitación psicomotora.*
7. *Participación excesiva en actividades que tienen muchas posibilidades de consecuencias dolorosas (por ejemplo, dedicarse de forma desenfrenada a compras, juergas, indiscreciones sexuales o inversiones de dinero imprudentes).*

C. *El episodio se asocia a un cambio inequívoco del funcionamiento que no es característico del individuo cuando no presenta síntomas.*

D. *La alteración del estado de ánimo y el cambio en el funcionamiento son observables por parte de otras personas.*

E. *El episodio no es suficientemente grave para causar una alteración importante del funcionamiento social o laboral o necesitar hospitalización. Si existen características psicóticas, el episodio es, por definición, maníaco.*

F. *El episodio no se puede atribuir a los efectos fisiológicos de una sustancia (por ejemplo, una droga, un medicamento u otro tratamiento)*

Ahora bien, como sabemos, el DSM menciona dos posibilidades para diagnosticar el Trastorno Bipolar, así existe el *Trastorno Bipolar I* y el *Trastorno Bipolar II*.

Y es interesante, al menos en nuestra opinión, lo que sucede con los criterios diagnósticos del *Trastorno Bipolar I* ya que, para diagnosticarse debe darse lo siguiente[22]

A. *Se han cumplido los criterios al menos para un episodio maníaco (Criterios A-D en "Episodio maníaco" antes citados).*

[22] DSM V *Manual diagnóstico y estadístico de los trastornos mentales* (2014). American Psychiatric Association.

> B. *La aparición del episodio(s) maníaco(s) y de depresión mayor no se explica mejor por un trastorno esquizoafectivo, esquizofrenia, un trastorno esquizofreniforme, un trastorno delirante u otro trastorno del espectro de la esquizofrenia y otros trastornos psicóticos especificados o no especificados.*

De esto se extraen dos conclusiones inevitables:

—Que en todo Trastorno Bipolar I hay al menos un Episodio Maníaco

—Que la sola aparición de un Episodio Maníaco alcanza para diagnosticar a un sujeto con Trastorno Bipolar.

De esto último se extrae una conclusión inevitable:

—Es posible diagnosticar a un Sujeto con Trastorno Bipolar, aunque no haya tenido nunca un Episodio Depresivo.

En criterio del DSM V, no ocurre lo mismo con la Hipomanía y, por lo tanto, con el *Trastorno Bipolar II*, ya que para diagnosticarlo es necesario lo siguiente:[23]

> A. *Se han cumplido los criterios al menos para un episodio hipomaníaco (Criterios A-F en "Episodio hipomaníaco" antes citado) y al menos para un episodio de depresión mayor (Criterios A-C en "Episodio de depresión mayor" antes citado).*

[23] Ibíd.

B. *Nunca ha habido un episodio maníaco.*

C. *La aparición del episodio(s) hipomaníaco(s) y de depresión mayor no se explica mejor por un trastorno esquizoafectivo, un trastorno esquizofreniforme, esquizofrenia, un trastorno de ideas delirantes, u otro trastorno del espectro de la esquizofrenia y otros trastornos psicóticos especificados o no especificados.*

D. *Los síntomas de depresión o la incertidumbre causada por la alternancia frecuente de períodos de depresión e hipomanía provocan malestar clínicamente significativo o deterioro en lo social, laboral u otras áreas importantes del funcionamiento.*

Quizá una mirada tridimensional en un manual bidimensional

Sin embargo, nos quedaremos con los criterios que utiliza el DSM para diagnosticar el Trastorno Bipolar I porque consideramos que allí se encuentra un punto importante a partir del cual poder pensar, más allá de los síntomas, qué es lo que le ocurre a un sujeto que padece un trastorno de este tipo y, como veremos más adelante, cualquier cuadro neurótico, al menos desde la Mirada de las Escenas Matrices.

Para ello partiremos de la siguiente pregunta: Si el sujeto ha tenido un Episodio Maníaco, pero nunca un Episodio Depresivo ¿Por qué no se lo diagnostica, por ejemplo, con Trastorno Maníaco como sí ocurre con un sujeto que ha tenido un Episodio Depresivo y al que se lo diagnostica con Trastorno Depresivo (Mayor o Menor)?

Esta cuestión es muy interesante porque, el DSM que, como señalamos antes, es un Manual que nunca jerarquiza los cuadros psicopatológicos, aquí sí jerarquiza.

Y jerarquiza presuponiendo el Episodio Depresivo a todo Episodio Maníaco. Es decir, jerarquiza presuponiendo la Depresión a la Manía.

Desde las Escenas Matrices esto es así (en realidad, como veremos, desde las Escenas Matrices es así con todo cuadro neurótico, más allá de que en el DSM esto no se dé). Porque la Depresión es primero y la Manía es después. Porque la Manía no es en realidad lo que enferma al sujeto; es, en realidad, un intento del sujeto de salir de aquello que lo enferma. Es decir, la Manía es un intento del Sujeto de salir de la Depresión. Un intento fallido, sí, pero un intento al fin.

Y no sólo eso, la Manía es un intento desesperado de salir de la Depresión buscando justo su opuesto, es decir, buscando la Alegría o, en realidad, buscando la Alegría Maníaca, que no es en realidad Alegría, sino que tiene un nivel tal de intensidad que la acerca mucho más a la Euforia y que, por ello, la llamamos Alegría Eufórica.

Cuando se comprende esto se alcanza a percibir que, en realidad, el Trastorno Bipolar no es un Trastorno Bipolar. Es decir, no hay aquí dos polos opuestos, porque pensarlo de esta manera es pensar a dos polos iguales en lo cualitativo. No, en realidad no hay igualdad entre estos "polos": La Depresión es la "realidad" y la Manía sólo existe porque existe la Depresión; la Manía existe como intento de tapar a la Depresión.

Como es evidente, esta diferencia en la mirada psicoterapéutica define mucho del movimiento psicoterapéutico, porque no se trata, en definitiva, de que el sujeto pueda encontrar un equilibrio entre ambos polos sino de que pueda, de forma lenta y paulatina, ir sanando a aquel Nene/a no mirado (y, por lo tanto, deprimido) sabiendo que, a medida que esto vaya sucediendo, su necesidad maníaca de Alegría Eufórica será menor.

Es en este sentido donde, desde las Escenas Matrices, pensamos una Psicopatología en función de la ayuda. Una Psicopatología que, ya en la descripción del cuadro nos dé indicios para los movimientos psicoterapéuticos de ayuda que el psicólogo necesite llevar a cabo. Una Psicopatología no sólo descriptiva del síntoma sino también descriptiva del camino que el sujeto ha recorrido para desarrollar este síntoma. ¿Para qué? Justo para eso, para, una vez que hemos comprendido el camino recorrido ayudar al sujeto a desandar este camino.

Así, el ver a la Manía como un intento de salir de la Depresión nos permite llevar a cabo los mismos movimientos que hacemos con todo aquel intento fallido de salir de un estado angustiante: Mirarlo con respeto y con honra y ayudar al sujeto a que comprenda que en tanto intento es valioso, pero que, al final es un intento que lo deja siempre en el mismo sitio y, en realidad, cada vez más sólo, más debilitado y más en el pozo.

Más en la Depresión.

Ahora bien: ¿Por qué el sujeto intenta salir de la Depresión a través de la Manía?

El aparente armado interno de la Manía

Si pensáramos que la Manía es, de por sí, un trastorno (al igual que la Depresión) tendríamos, entonces, un armado interno similar al que ya hemos descripto en la Depresión.

Así, habría un Ejecutante (Nene/a) sometido a un Crítico/Guía que lo insta a llevar a cabo acciones cada vez más peligrosas para él y para los demás con el objetivo de alcanzar cada vez más Alegría.

Esto lo encontraríamos también en las Escenas Matrices del sujeto de la misma manera: El Nene/a instado u obligado por uno de los Padres (el Padre/Madre Malo) a estar alegre de modo permanente y/o a llevar a cabo acciones que lo acerquen cada vez más a esa alegría. Este Padre/Madre Malo estaría introyectado como Crítico/Guía del Sujeto y el Ejecutante sería, por supuesto, aquel Nene/a de la Escena Matriz.

¿Dónde estaría entonces el otro Padre/Madre (el Bueno)? Es probable que ausente o avalando lo que propone el Malo o desacordando sin fuerza o de cualquiera de las maneras ya descritas en otros textos[24].

Ahora bien, si esto fuera así, la Manía sería el otro polo de la Depresión y ambos serían, para decirlo de

[24] WEINTRAUB, Mauricio, Ob. Cit.

una manera simple, del mismo nivel. Si esto fuera así, la tarea psicoterapéutica sería ayudar a que el Sujeto pueda, de a poco interponerse entre el Padre/Madre Malo y el Nene en beneficio de éste. Sin embargo, esto ya acarrearía un problema y es el siguiente: Al ser la Manía un cuadro egosintónico, es decir que está en sintonía con el sentir del Sujeto, el problema sería que éste tendría que renunciar a algo bueno para él (o a una parte de algo bueno para él), como es, por ejemplo, el placer, la alegría o el disfrute, en beneficio de su salud. En este sentido, el movimiento sería sólo de evitación del impulso interno de búsqueda de placer y entonces este impulso quedaría ubicado en el lugar de "algo malo" o "algo a evitar". Así, el Sujeto tendría en sí mismo algo "malo" o "algo a evitar", lo cual no es posible desde la perspectiva humanística a la que adhiere la Mirada de las Escenas Matrices.

Esto no quiere decir que en el proceso de trabajo con un sujeto en mayor o menor medida maníaco no exista también todo un movimiento de retención de este impulso hacia el placer. Por supuesto que existe y que este movimiento es fundamental. Sin embargo, no vemos a este impulso como algo malo en sí.

No, el impulso en la búsqueda del placer o la alegría es bueno, y entonces ¿Por qué es necesario evitarlo?

El verdadero armado interno de la Manía

En realidad, desde la Mirada de las Escenas Matrices, la Manía no se arma como lo describimos antes. No hay un Crítico/Guía (Padre/Madre Malo) que inste u obligue al Ejecutante a llevar a cabo acciones cada vez más peligrosas para él y para los demás con el objetivo de alcanzar una cada vez más mayor Alegría.

No.

Lo que hay es un Crítico/Guía (Padre/Madre Malo) que deprime al Ejecutante abandonándolo, desvalorizándolo, híper-exigiéndolo y asegurándole que Él mismo (el Ejecutante), el Otro y el Futuro[25] no sirven y no serán buenos nunca para él. Es decir, está el mismo Crítico/Guía (Padre/Madre Malo) de la Depresión. Quien ha cambiado es el Padre/Madre Bueno porque, así como en la Depresión está ausente o acordando con el Malo o de otras de las maneras ya conocidas, aquí está instando al Ejecutante a buscar con desesperación la Alegría cada vez con mayor y mayor intensidad.

Es decir, es el Padre/Madre Bueno quien insta al Ejecutante a estar cada vez más alegre, cuando en realidad este Ejecutante está Deprimido por el Padre/Madre Malo.

Esto es lo que ocurrió en las Escenas Matrices del Sujeto, allí el Padre/Madre Malo deprime al Nene/a y el Padre/Madre Bueno, en lugar de asumir su adultez y oponerse y defender al Nene del Padre/Madre Malo opta por un escape. Un escape que tiene casi la misma fuerza que el Padre/Madre Malo —en realidad tiene un punto menos, pero en el momento del clímax maníaco parece tener más—, pero utilizada para escapar y no para defender y que, por supuesto, necesitará luego cada vez más y más intensidad.

---

[25] BECK, Aaron, Ob. Cit.

Veamos un ejemplo de la clínica.

Pedro, 39 años.
Paciente —El otro día me pasé de rosca de nuevo.
Terapeuta —¿Qué pasó?
P —El viernes, cuando salí del trabajo, en vez de ir a casa me fui a un bar y me tomé un par de copas. Me dije "bueno, ya está" porque ya me conozco, lo venimos trabajando, pero no pude. Iba para mi casa, pero llamé a un amigo y me dijo que había una fiesta, que por qué no iba... Al final fui y ahí conocí una mina y terminé acostándome con ella, me quedé dormido y cuando me desperté a la mañana siguiente, en la casa de mi amigo, decidimos agarrar el auto e ir para la costa. Llegamos a Mar del Plata casi a las cuatro de la tarde y me fui para el casino, parecía que iba a romper todo, estaba ganando un montón de plata, pero después cambió la mano y perdí todo, al final empeñé el reloj y también lo perdí. Pero igual no paré, mi amigo conocía gente de un boliche y fuimos, estuvimos hasta las cinco de la mañana. Me tomé todo y terminé acostándome con dos minas, una a las dos y otra a las cuatro de la mañana. Las dos sin preservativo, cuando me desperté al otro día, estaba en la playa. Mi amigo estaba durmiendo al lado mío, todo vomitado. Me quería matar.

Esta es la Escena Copia que Pedro trae a la sesión, veamos con qué Escena Matriz pudimos vincularla.

T —Lo lamento, Pedro.

P —(Silencio, mira al piso)

T —Te consulto ¿Encontrás en tu infancia o adolescencia alguna escena en la que algo de esto te resulta parecido?

P —(Piensa) Me acuerdo de una vez, justo cuando mis padres se habían separado, yo tenía siete años. Como sabés, yo me quedé viviendo con mi papá porque mi mamá fue la que decidió irse. Ese día yo volví de la escuela, serían las cinco de la tarde, y estaba mi papá sentado en la mesa, sólo, estaba con la luz apagada, no estaba haciendo nada.

Yo entré y me quedé mirándolo y me acuerdo de que empecé a extrañar mucho a mi mamá.

T —¿Y qué pasó?

P —Me puse a llorar.

T —¿Y entonces?

P —Lloré un rato. Y en un momento, mi papá se levantó y me dijo "Nos vamos de fiesta". Y salimos.

T —¿Qué hicieron?

P —De todo. Primero fuimos a una juguetería y me compró un juguete que hacía un montón que se lo pedía. Después fuimos al cine, comimos afuera, me compró un helado, después del helado yo ya estaba medio cansado, pero él decidió que fuéramos a una especie de Parque con juegos tipo parque de diversiones, pero más chiquito y después de ahí la seguimos, creo que fuimos a cenar, no me acuerdo. Volvimos como hasta las once de la noche.

Y a partir de ahí, cada vez que yo me entristecía porque mi mamá no estaba, hacíamos algo parecido.

T —¿Durante cuánto tiempo pasó esto?

P —Y, no sé. Yo a mi mamá la volvía a ver cuando tenía once así que... creo que hasta esa edad seguro.

Como puede observarse en el relato de Pedro, el movimiento del Padre es para evitar la tristeza del hijo. Lo interesante aquí es que las acciones que Pedro describe por parte del Padre (ir al cine, comer, tomar un helado y hasta ir a los juegos) no tienen nada de malo de por sí. Lo que llama la atención y, en definitiva, lo que enferma es: Por un lado, que estas acciones no son por sí mismas sino para evitar otra cosa y, por otro, la altísima intensidad, sólo comprensible porque lo que se necesita evitar, en este caso la ausencia de la madre tiene también una intensidad demasiado alta.

De la misma manera, el movimiento Maníaco de búsqueda desesperada de la Alegría Eufórica no es un movimiento por sí mismo, es un movimiento para evitar otra cosa, para evitar la Depresión.

T —Te hago una pregunta más, Pedro, y para ello te propongo volver al viernes pasado, cuando saliste de tu trabajo y decidiste ir a un bar en vez de ir a tu casa ¿Qué hubiera pasado si hubieras vuelto a tu casa?

P —No te entiendo

T —Sí, pregunto ¿tenías algo que hacer? ¿Habías armado algún plan? ¿Había alguien con quien ibas a encontrarte?

P —(Piensa) No, en realidad no había pensado nada.

T —¿No habías pensado nada para el viernes?

P —Ni para el viernes, ni para el sábado ni para el domingo. No había pensado nada para todo el fin de semana.

T —Eran tres días de nada.

P —Sí, en principio sí.

De aquí a comprender que algo de esta nada lleva a Pedro a la nada que un niño experimenta cuando su madre lo abandona hay sólo un paso.

En este sentido, es importante darnos cuenta de la copia exacta de la Escena Copia:

El Nene de la Escena Matriz es quien retorna a su casa. En su casa se encuentra con su Mamá abandonadora, que es quien lo deprime. Y se encuentra con su Papá que le propone un movimiento maníaco para evitar la depresión a la que lo somete la Mamá abandonadora.

Cuando Pedro es adulto y retorna a su casa, el Nene que Pedro tiene en su interior y que aún no ha sido sanado (por Pedro) comienza a sentir la misma "nada" que sentía con respecto a su Madre en su infancia, y es Pedro mismo quien actúa como el Padre/Madre Bueno intentando sacar a su Ejecutante de forma maníaca, tal como hizo su Padre biológico.

Por fin, me interesa dar un paso más para intentar comprender de qué manera se introyectó la Mamá de Pedro en esta "nada". Y me interesa porque, cuando hablamos de abandono, la "nada" no es en realidad una "nada" sino que está llena de aquello que el Padre/

Madre abandonador le dice (sin decírselo) al nene/a cuando lo abandona.

¿Qué le dice? «No sos suficiente para que me quede con vos», «No sos digno de ser querido», «Nadie te quiere» y otros tantos mensajes que quedan introyectados en la figura del Crítico/Guía. En este sentido, cuando el sujeto, en este caso Pedro, retorna a su casa y no hay nadie, ese "nadie" también está lleno de estos mensajes ya que, si no fuera así, el sujeto podría disfrutar de este momento de soledad y de vínculo consigo mismo.

En definitiva, diremos entonces que, en el Trastorno Bipolar no hay en realidad una Bipolaridad, sino que hay un estado, la Depresión, que (desde el Crítico/Guía) tira del Nene del sujeto de manera inexorable; así y para no ser tragado por él, el Sujeto (repitiendo a su Padre/Madre Bueno) intenta oponer un estímulo intenso y opuesto como para que ese Nene/a no sea tragado; intento que siempre, en definitiva, fracasa. Y fracasa justo porque el Sujeto no actúa asumiendo su adultez sino sólo repitiendo al Padre/Madre Bueno que ha tenido, de alguna manera, en su infancia.

Es por ello que, desde la Mirada de las Escenas Matrices, nuestro movimiento más saludable como psicoterapeutas no es intentar alejar al Paciente de su Depresión (movimiento que intenta sin éxito el Paciente mismo) ni tampoco buscar un equilibrio entre ambos polos (lo cual partiría de una confusión a nivel teórico) sino respetar el movimiento hacia la Manía que el Paciente ha venido dando, mientras intentamos disolverlo, ayudando al Paciente a armar la estructura necesaria que contenga al Nene/a del Paciente cuando éste aparezca en su verdadero sentir mientras, de forma simultánea, ayudamos al Paciente a que desarrolle la fuerza y los mecanismos necesarios para ir poniendo límite al Crítico/Guía que deprime al Nene/a.

Porque sólo cuando el Paciente asuma su adultez y ponga límite a la voz del Crítico/Guía que deprime al Nene/a y, a la vez, contenga con amor a ese Nene/a deprimido, algo de la verdadera sanación se hará presente y el Sujeto no necesitará buscar la Alegría Eufórica como búsqueda de anestesiar aquello que, en el nivel más profundo, le acontece.

Una vueltita más. Todos somos Pedro

Para finalizar este capítulo referido al Trastorno Bipolar, nos invito a mirarnos también en Pedro. Porque este es un movimiento imprescindible desde la Mirada de las Escenas Matrices: Poder reconocernos en el paciente, poder reconocernos en el otro. Reconocernos en qué somos hermanos del otro, aunque no seamos el otro.

Y entonces quizá nosotros no nos fuimos un viernes a la noche a un bar y luego a la fiesta y seguimos hacia Mar del Plata, al casino y a la playa. No, quizá no. Quizá no hay en nuestras vidas movimientos de tanta intensidad y tanto peligro. Quizá no podríamos ser diagnosticados como Bipolares porque no entramos en los criterios diagnósticos necesarios. Y está bien, no somos Bipolares.

Sin embargo ¿quién no ha tenido un movimiento similar de alguna manera? ¿Quién no ha intentado evitar la Tristeza con la Alegría Eufórica? ¿Quién no se ha ido de fiesta o a comprar ropa o se ha anestesiado de alguna manera para evitar la Tristeza? ¿Quién no le ha dicho a su hijo/a "mirá qué lindo el cielo (o los globos o los pájaros)" cuando se lastimó al caerse?

¿Está mal? No, claro que no. Porque el "evitar" también tiene su lugar, también es una herramienta, también es saludable.

Sin embargo ¿qué ocurre cuando es la única herramienta? ¿O cuando no nos damos cuenta de qué estamos evitando y creemos que el próximo auto, la próxima fiesta o el próximo ascenso en verdad nos sacarán de esa sensación que anida en lo profundo de nosotros y que sigue anidando, aunque ya hemos tenido otros autos, otras fiestas y otros ascensos?

Es decir ¿Qué ocurre cuando no nos damos cuenta de que aquello que anhelamos para mañana es sólo para evitar algo que ya está aquí, hoy, ahora en nosotros?

Por eso, poder discernir como terapeutas, cuándo y cuánto nuestro paciente anhela lo que dice anhelar y cuándo y cuánto sólo anhela algo que lo saque del pozo donde se encuentra; o, al menos, donde una parte de él se encuentra.

Poder discernir como terapeutas y en nuestra propia vida.

Porque sólo podemos sanar allí donde nos hemos sanado.

Porque sólo podemos ayudar a no evitar allí donde ya no evitamos.

Para resumir lo visto hasta el momento, tanto en la Depresión como en el Trastorno Bipolar existe un Crítico/Guía que deprime al Ejecutante. En la Depresión, el Padre/Madre Bueno no está o está, pero no actúa y el Ejecutante está sumido en la tristeza de pozo, en la Depresión. En el Episodio Maníaco del Trastorno Bipolar, el Padre/Madre Bueno sí está, está proponiéndole al Ejecutante ir de manera exagerada hacia la alegría como modo de evitar la Depresión y justo entonces aparece el Episodio Maníaco.

Es decir que, desde la perspectiva del armado interno del cuadro, la única diferencia entre ambos estados es el Padre/Madre Bueno.

La Depresión en el fondo de todo cuadro neurótico

A partir de ahora nos internaremos en otros cuadros psicopatológicos. No lo haremos en todos sino sólo en algunos, quizá los que consideramos más frecuentes o importantes.

Sin embargo, como el lector verá en las páginas siguientes, siempre volveremos a la Depresión.

Porque todos los cuadros Neuróticos son, desde la Mirada de las Escenas Matrices, un intento de salir de la Depresión.

De esta manera, el armado final de todo cuadro siempre será el mismo:

En la infancia, un Nene/a deprimido por un Padre/Madre Malo y un Padre/Madre Bueno que posibilita este movimiento deprimidor del Padre/Madre Malo aunque intente sacar al Nene/a de allí.

En la actualidad, un Ejecutante deprimido por un Crítico/Guía y un sujeto que se comporta como aquel Padre/Madre Bueno y que posibilita este movimiento deprimidor del Crítico/Guía aunque intente sacar al Ejecutante de allí.

Por ello, recorreremos a continuación algunos de los diferentes cuadros, pero siempre estaremos retornando a la Depresión.

2. Trastornos de Ansiedad

O el Miedo a lo que siempre puede ser, aunque nunca sea

Crisis de Angustia o Ataque de Pánico

El Ataque de Pánico es una situación puntual, no un trastorno. Sin embargo, nos interesa en especial; en primer lugar, porque suele darse de manera frecuente en diferentes pacientes, de modo independiente de los cuadros que puedan sufrir y, en segundo lugar, porque nos permite ver en una situación puntual todo un funcionamiento que luego encontramos en el resto de los cuadros referidos al Trastorno de Ansiedad.

Puede suceder una o más veces en la vida de un sujeto y tiene determinados síntomas específicos.

Según el DSM V, el Ataque de Pánico tiene las siguientes características[26]

[26] DSM V, Ob. Cit.

La aparición súbita de miedo intenso o de malestar intenso que alcanza su máxima expresión en minutos y durante este tiempo se producen cuatro (o más) de los síntomas siguientes:

Nota: La aparición súbita se puede producir desde un estado de calma o desde un estado de ansiedad.

1. *Palpitaciones, golpeteo del corazón o aceleración de la frecuencia cardíaca.*
1. *Sudoración.*
2. *Temblor o sacudidas.*
3. *Sensación de dificultad para respirar o de asfixia.*
4. *Sensación de ahogo.*
5. *Dolor o molestias en el tórax.*
6. *Náuseas o malestar abdominal.*
7. *Sensación de mareo, inestabilidad, aturdimiento o desmayo.*
8. *Escalofríos o sensación de calor.*
9. *Parestesias (sensación de entumecimiento o de hormigueo).*
10. *Desrealización (sensación de irrealidad) o despersonalización (separarse de uno mismo).*
11. *Miedo a perder el control o a "volverse loco".*
12. *Miedo a morir.*

El primer Ataque de Pánico

Ahora bien, lo que suele suceder en el Ataque de Pánico es que el sujeto expresa a través de éste determinadas vivencias internas que no consigue concientizar y/o expresar de otra manera.

Estas vivencias, por lo general, tienen que ver con la híper-exigencia, que puede darse por diferentes situaciones, muchas veces estresantes y propias de la vida, pero a las cuales el sujeto le agrega un plus. Le agrega la obligación de hacerse cargo y le agrega el no poder fallar.

Por supuesto cuando hablamos de la híper-exigencia, hablamos aquí de un vínculo: El vínculo entre *Híper-exigente* e *Híper-exigido*. Vínculo que hoy el sujeto tiene dentro de sí, pero que aprendió fuera de sí, en la relación con los padres.

De esta manera, se da algo similar a lo que observábamos en la Depresión, aunque, digámoslo así, expresado por el sujeto de otra manera: Expresado a través de un Ataque de Pánico.

Además, se da en el Ataque de Pánico una cuestión bastante particular y frecuente: El sujeto suele no percibir el estrés —o percibe poco—, al que, está sometido desde lo externo, pero en especial en lo interno. Como si su umbral de estrés fuera alto y entonces un estrés elevado es percibido por él como normal, hasta que, por fin, esto que no percibe se hace síntoma físico en el ataque de pánico y el sujeto no puede ya dejar de percibirlo; aunque, muchas veces, aún no consiga decodificarlo.

El Esquema Interno del Ataque de Pánico

Si nos detenemos en la observación del esquema que se da en un sujeto que padece un ataque de pánico observaremos que, de nuevo, hay un Ejecutante, por lo general híper-exigido por un Crítico/Guía y obligado por éste a hacerse cargo y a no fallar en una o más de una situación.

Como hemos señalado, lo diferente aquí suele ser la consciencia que el sujeto tiene de este maltrato; y es aquí donde aparece el Padre/Madre Bueno, ya que es él quien no registra casi nada de lo que ocurre. Y es en este no registrar a partir de lo que abandona al Ejecutante, quien sólo consigue ser registrado cuando, al fin, tiene un Ataque de Pánico. Por supuesto este "ser registrado" no significa, en general, que el sujeto consiga darse cuenta de qué es lo que en realidad está ocurriendo en su interior. Así, aunque resulta evidente que hay una parte de él que en el Ataque de Pánico está expresando una evidente exposición a un estrés excesivo, el sujeto sólo suele ver que siente miedo de morir, pero no las causas de este miedo.

Para decirlo de otra manera: Cuando el sujeto experimenta un Ataque de Pánico es porque existe en él un Ejecutante que desde hace tiempo es híper-exigido por un Crítico/Guía híper-exigente y un Yo identificado en su totalidad con el Padre/Madre Bueno que no toma nunca nota del sentir del Ejecutante y de la híper-exigencia a la cual está sometido. Como podrá verse, se trata de un esquema similar a la Depresión, aunque con dos diferencias: en la Depresión el sujeto tiene cierta consciencia de esta híper-exigencia y, además, no siempre arma un cuadro más bien fisiológico. Quizá, justo porque tiene cierta consciencia de la híper-exigencia, aunque no pueda poner límite a ella. Sin embargo, en el Ataque de Pánico, el sujeto suele no darse cuenta del estrés interno que experimenta y se lo atribuye siempre al afuera. O, para decirlo de otra manera, el sujeto suele no darse cuenta del estrés que el Ejecutante sufre como consecuencia de la híper-exigencia crónica a la que es sometido por el Crítico/Guía.

Después del primer Ataque de Pánico

Sin embargo, esto no es lo más importante ya que, en realidad, lo fundamental del Ataque de Pánico se da luego del primer ataque. Y es que, en general, quien ha tenido un Ataque de Pánico y no consigue comprender cuáles han sido los mecanismos que lo llevaron a él comienza a temer tener otro y luego otro.

Y aquí se da una vuelta más en el esquema antes descripto ya que el Ejecutante no es sólo híper-exigido sino ahora también asustado por el Crítico/Guía que, además de híper-exigirlo, le dice que está en peligro de vivir otro Ataque de Pánico y que, es probable que algo grave ocurrirá cuando esto suceda. Esto grave puede variar desde morirse hasta quedar expuesto ante extraños, perder el control, tener un inconveniente físico grave, etcétera.

Como puede verse, es este Crítico/Guía quien en primer lugar Híper-exige al Ejecutante hasta que éste expresa esta angustia en un síntoma y luego lo asusta con la repetición o el empeoramiento del síntoma anterior.

¿El Padre/Madre Bueno? Por supuesto se encuentra ausente.

Esta ausencia se ve con claridad en el hecho de que el paciente suele identificarse con el Nene/a a punto de morir en el próximo Ataque de Pánico mientras habla desde su Crítico/Guía asegurando que aquello que teme puede volver a suceder en cualquier momento. Nunca hay un Padre/Madre en verdad saludable que dude de lo que la mente/ Crítico/Guía dice. Cuando empieza a haberlo también comienza a haber cierto límite hacia el Crítico/Guía y así el Ejecutante comienza a calmarse.

Fobia

Nos introduciremos a continuación en los cuadros relacionados con la Fobia. SI bien el DSM V señala tres tipos de fobias diferentes (y con algunas particularidades en cada caso) tomaremos a estos tres tipos como diferentes manifestaciones de lo mismo y reuniremos estos cuadros bajo el nombre único de Fobia, a fin de entender su funcionamiento con la mayor claridad posible.

Así, esto que llamaremos Fobia se encuentra, de manera nuclear en lo que en el DSM V aparece bajo los nombres de Fobia Específica, Fobia Social (o Trastorno de Ansiedad Social) y Agorafobia.

Veamos cuáles son los criterios diagnósticos de cada uno, según el DSM V[27]

Fobia Específica

A. *Miedo o ansiedad intensa por un objeto o situación específica (por ejemplo, volar, alturas, animales, administración de una inyección, ver sangre).*

Nota: En los niños, el miedo o la ansiedad se puede expresar con llanto, rabietas, quedarse paralizados o aferrarse.

B. *El objeto o la situación fóbica casi siempre provoca miedo o ansiedad inmediata.*

C. *El objeto o la situación fóbica se evita o resiste activamente con miedo o ansiedad intensa.*

D. *El miedo o la ansiedad es desproporcionado al peligro real que plantea el objeto o situación específica y al contexto sociocultural.*

E. *El miedo, la ansiedad o la evitación es persistente, y dura típicamente seis o más meses.*

F. *El miedo, la ansiedad o la evitación causa malestar clínicamente significativo o deterioro en lo social, laboral u otras áreas importantes del funcionamiento.*

G. *La alteración no se explica mejor por los síntomas de otro trastorno mental, como el miedo, la ansiedad y*

[27] DSM V, Op. Cit.

la evitación de situaciones asociadas a síntomas tipo pánico u otros síntomas incapacitantes (como en la agorafobia), objetos o situaciones relacionados con obsesiones (como en el trastorno obsesivo-compulsivo), recuerdo de sucesos traumáticos (como en el trastorno de estrés postraumático), dejar el hogar o separación de las figuras de apego (como en el trastorno de ansiedad por separación), o situaciones sociales (como en el trastorno de ansiedad social).

Fobia Social (Trastorno de Ansiedad Social)

A. *Miedo o ansiedad intensa en una o más situaciones sociales en las que el individuo está expuesto al posible examen por parte de otras personas. Algunos ejemplos son las interacciones sociales (por ejemplo, mantener una conversación, reunirse con personas extrañas), ser observado (por ejemplo, comiendo o bebiendo) y actuar delante de otras personas (por ejemplo, dar una charla).*

> Nota: *En los niños, la ansiedad se puede producir en las reuniones con individuos de su misma edad y no solamente en la interacción con los adultos.*

B. *El individuo tiene miedo de actuar de cierta manera o de mostrar síntomas de ansiedad que se valoren negativamente (es decir, que lo humillen o avergüencen, que se traduzca en rechazo o que ofenda a otras personas).*

C. *Las situaciones sociales casi siempre provocan miedo
o ansiedad.*

> Nota: *En los niños, el miedo o la ansiedad se
> puede expresar con llanto, rabietas, quedarse
> paralizados, aferrarse, encogerse o el fracaso
> de hablar en situaciones sociales.*

D. *Las situaciones sociales se evitan o resisten con miedo
o ansiedad intensa.*

E. *El miedo o la ansiedad son desproporcionados a la
amenaza real planteada por la situación social y al
contexto sociocultural.*

F. *El miedo, la ansiedad o la evitación es persistente, y
dura típicamente seis o más meses.*

G. *El miedo, la ansiedad o la evitación causa malestar
clínicamente significativo o deterioro en lo social,
laboral u otras áreas importantes del funcionamiento.*

H. *El miedo, la ansiedad o la evitación no se pueden
atribuir a los efectos fisiológicos de una sustancia
(por ejemplo, una droga, un medicamento) ni a otra
afección médica.*

I. *El miedo, la ansiedad o la evitación no se explican
mejor por los síntomas de otro trastorno mental, como
el trastorno de pánico, el trastorno dismórfico corporal
o un trastorno del espectro autista.*

J. *Si existe otra enfermedad (por ejemplo, enfermedad
de Parkinson, obesidad, desfiguración debida a
quemaduras o lesiones), el miedo, la ansiedad o la*

evitación deben estar claramente no relacionados con esta o ser excesivos.

Agorafobia

A. *Miedo o ansiedad intensa acerca de dos (o más) de las cinco situaciones siguientes:*

   1. *Uso del transporte público (por ejemplo, automóviles, autobuses, trenes, barcos, aviones).*

   2. *Estar en espacios abiertos (por ejemplo, zonas de estacionamiento, mercados, puentes).*

   3. *Estar en sitios cerrados (por ejemplo, tiendas, teatros, cines).*

   4. *Hacer cola o estar en medio de una multitud.*

   5. *Estar fuera de casa solo.*

B. *El individuo teme o evita estas situaciones debido a la idea de que escapar podría ser difícil o podría no disponer de ayuda si aparecen síntomas tipo pánico u otros síntomas incapacitantes o embarazosos (por ejemplo, miedo a caerse en las personas de edad avanzada, miedo a la incontinencia).*

C. *Las situaciones agorafóbicas casi siempre provocan miedo o ansiedad.*

D. *Las situaciones agorafóbicas se evitan activamente, requieren la presencia de un acompañante o se resisten con miedo o ansiedad intensa.*

E. *El miedo o la ansiedad es desproporcionado al peligro real que plantean las situaciones agorafóbicas y al contexto sociocultural.*

F. *El miedo, la ansiedad o la evitación es continuo, y dura típicamente seis o más meses.*

G. *El miedo, la ansiedad o la evitación causan malestar clínicamente significativo o deterioro en lo social, laboral u otras áreas importantes del funcionamiento.*

H. *Si existe otra afección médica (por ejemplo, enfermedad intestinal inflamatoria, enfermedad de Parkinson), el miedo, la ansiedad o la evitación es claramente excesiva.*

I. *El miedo, la ansiedad o la evitación no se explica mejor por los síntomas de otro trastorno mental; por ejemplo, los síntomas no se limitan a la fobia específica, tipo situacional; no implican únicamente situaciones sociales (como en el trastorno de ansiedad social); y no están exclusivamente relacionados con las obsesiones (como en el trastorno obsesivo-compulsivo), defectos o imperfecciones percibidos en el aspecto físico (como en el trastorno dismórfico corporal), recuerdo de sucesos traumáticos (como en el trastorno de estrés postraumático) o miedo a la separación (como en el trastorno de ansiedad por separación).*

Nota: *Se diagnostica agorafobia independientemente de la presencia de trastorno de pánico. Si la presentación en un individuo cumple los criterios para el trastorno de pánico y agorafobia, se asignarán ambos diagnósticos*

¿A qué le teme, en realidad, el sujeto fóbico?

Como puede observarse, en los tres trastornos descriptos antes y que hemos reunido bajo el nombre de Fobia, el sujeto experimenta un temor exagerado a *algo* y este *algo* se encuentra fuera de él. En este sentido, cuando decimos "exagerado", nos referimos a que ese *algo* ante lo cual el sujeto experimenta temor no puede ser considerado, de por sí, como el causante de este temor. O, dicho de otra manera, la intensidad del estímulo de este *algo* es a las claras menor, a la intensidad del temor que el sujeto experimenta.

Este punto es fundamental para nuestra comprensión de qué es en realidad a lo que teme el sujeto fóbico. Y es fundamental porque, a partir de la comprensión de que no es este *algo* lo que en realidad el sujeto teme es que podemos hacernos la pregunta ¿qué es lo que el sujeto pone en ese *algo* pero que, de una u otra manera, le pertenece a él (al sujeto) y es a lo que en realidad teme?

Marcelo, 29 años, comenta en su sesión
Paciente —Tengo mucho miedo a las cucarachas.
Terapeuta —¿Cómo es eso?
P —Sí, cuando aparece una cucaracha me da una impresión y un asco... me doy cuenta de que es exagerado, pero es lo que siento.
T —¿Y qué hacés?
P —¿Qué hago cuando aparece?
T —Sí

P —Ah, no, las mato. Y, en realidad, no sólo las mato, sino que también las puteo (ríe).

T —Ah, bueno (ríe). ¿Y qué es lo que más te desagrada o lo que más te da rechazo o asco de las cucarachas?

P —Que son asquerosas y que pueden aparecerte en cualquier momento, sin previo aviso y se te pueden subir encima.

T —Ah, estás hablando de tu mamá.

P —¿Cómo?

T —Sí. ¿No me comentaste que tu mamá se pasaba a la noche a tu cama, cuando ya tenías como nueve o diez años y que dormía con vos el resto de la noche y que muchas veces te dabas cuenta recién cuando te despertabas?

P —Sí, pero cuando me acuerdo de eso mi mamá no me da asco ni rechazo.

T —Sí, quizá por eso sentís asco por las cucarachas. Porque todavía no podés ponerlo en tu mamá.

¿Son las cucarachas animales asquerosos? Quizá sí, quizá no. Quizá un poco. Lo cierto es que no a todo el mundo les genera asco. Pero, más allá de ello, Marcelo se da cuenta de que hay un plus, un algo de más, un rechazo que no corresponde en verdad a las cucarachas en lo que él siente.

Además, no solo las mata, también las putea.

Sin embargo, lo más interesante es lo que Marceo más rechaza de las cucarachas: *Que pueden aparecer en cualquier momento y se te pueden subir encima*, tal como hacía la mamá de Marcelo en la noche, aunque Marcelo aún no califique esa escena con el evidente peso que tiene.

Así, en la Escena Copia con la cucaracha, Marcelo pone toda una serie de emociones que se encuentran en realidad en la Escena Matriz con la mamá. O, dicho de otra manera, al no haber aún un adulto mirando esa escena Matriz en la que la mamá se le mete en la cama al niño que Marcelo fue, Marcelo repite hoy con la cucaracha esa misma escena de ser invadido en forma de Escena Copia.

El armado interno de la Fobia

En la Fobia (cualquiera sea), el objeto fóbico es el Padre/Madre Malo de nuestra Escena Matriz; y el Crítico/Guía de nuestra Escena Copia Intrapersonal, aunque muchas veces es difícil descubrirlo.

Un Padre/Madre Malo que atemoriza, invadiendo, ahogando, poniendo en peligro al Nene/a; un Nene/a con el cual el sujeto se identifica casi por completo, o al menos se identifica en el sentido de que experimenta sensaciones muy similares a las que el Nene/a de la Escena Matriz experimentó allá y entonces.

¿Dónde se encuentra el Padre/Madre Bueno? Muchas veces no está allí, en la Escena Matriz, y entonces hoy el sujeto es puro Nene/a, casi sin ningún resquicio de Padre/Madre, aunque sea Bueno.

En otras ocasiones está huyendo del Padre/Madre Malo y entonces el sujeto lo repite llevando a cabo hoy conductas evitativas del objeto fóbico.

Terapeuta —¿Y dónde estaba tu papá cuando tu mamá se pasaba a tu cama, Marcelo?

Paciente —¿Mi viejo? No, mi viejo se quedaba durmiendo en la suya. Es que mi viejo nunca le decía nada a mi mamá, nunca la enfrentaba en nada. Cuando mi vieja se enojaba el primero que desaparecía era mi viejo.

T —¿Te acordás alguna situación en donde algo de esto ocurriera?

P —Muchas. Pero me acuerdo un domingo, yo tendría doce años más o menos, era antes del mediodía porque mi viejo iba a empezar a hacer el asado en un rato; no sé por qué mi vieja se enojó y empezó a dar vueltas por la casa con cara de culo, como hacía ella. Entonces mi viejo, que estaba viendo la tele, se levantó y dijo "ya vuelvo" y fue para la puerta de calle. Cuando pasó por al lado mío dijo "¡Empezamos de nuevo, la puta madre que la parió!", abrió la puerta y se fue. Y volvió a las ocho de la noche.

Hasta la puteada aparece en el padre de Marcelo, puteada que después Marcelo repite con las cucarachas.

Como en un cuadro que se copia una y otra y una y otra vez, el inconsciente reedita la misma y la misma escena también una y otra y una y otra vez.

O, para decirlo de otra manera, el Nene que Marcelo fue (y que hoy se encuentra en su interior) y a quien su padre dejó a merced de su madre ese domingo y cada noche en la que la mamá se pasaba a su cama (y en tantas otras escenas) vuelve a repetirse una y otra y una y otra vez en aquella invasión con aquel ser que le da asco y al que putea y hasta al que mata, aunque vuelve a aparecerse una y otra y una y otra vez. ¿Para qué? Para ver si en algún momento, al fin, Marcelo puede verlo. Puede darse cuenta de que no se trata de la cucaracha (o la gente o el viaje en avión o las jeringas) sino que es siempre aquella mamá que vuelve y vuelve y es también aquel Nene angustiado que necesita de un padre hoy (como necesitó ayer); sólo que el padre hoy es el mismo Marcelo; un Marcelo que, mientras no se impacte con esa mamá que tuvo la tendrá reeditada una y otra vez en la cucaracha (o la gente o el viaje en avión o las jeringas).

Trastorno Obsesivo Compulsivo

Llegamos aquí a uno de los dos grandes trastornos de los correspondientes al grupo de Trastornos de Ansiedad: El Trastorno Obsesivo Compulsivo que es diferente al Trastorno Obsesivo Compulsivo de la Personalidad, que veremos más adelante.

Como su nombre lo indica, conviven en este trastorno dos elementos que es necesario diferenciar con claridad: Por un lado, las obsesiones y por otro las compulsiones. Estos dos elementos son de índole diferente, se dan en momentos diferentes (aunque muchas veces parece que se dan en el mismo momento) y son expresiones internas diferentes que surgen también de diferentes partes o aspectos del sujeto.

Veamos los criterios del DSM V[28]

A. Presencia de obsesiones, compulsiones o ambas:

Las obsesiones se definen por (1) y (2):

> 1. *Pensamientos, impulsos o imágenes recurrentes y persistentes que se experimentan, en algún momento durante el trastorno, como intrusas o no deseadas, y que en la mayoría de los sujetos causan ansiedad o malestar importante.*
> 2. *El sujeto intenta ignorar o suprimir estos pensamientos, impulsos o imágenes, o neutralizarlos con algún otro pensamiento o acto (es decir, realizando una compulsión).*

Las compulsiones se definen por (1) y (2):

> 1. *Comportamientos (por ejemplo, lavarse las manos, ordenar, comprobar las cosas) o actos mentales (por ejemplo, rezar, contar, repetir palabras en silencio) repetitivos que el sujeto realiza como respuesta a una obsesión o de acuerdo con reglas que ha de aplicar de manera rígida.*

[28] DSM V, Ob. Cit.

2. *El objetivo de los comportamientos o actos mentales es prevenir o disminuir la ansiedad o el malestar, o evitar algún suceso o situación temida; sin embargo, estos comportamientos o actos mentales no están conectados de una manera realista con los destinados a neutralizar o prevenir, o bien resultan claramente excesivos.*

Nota: Los niños de corta edad pueden no ser capaces de articular los objetivos de estos comportamientos o actos mentales.

A. *Las obsesiones o compulsiones requieren mucho tiempo (por ejemplo, ocupan más de una hora diaria) o causan malestar clínicamente significativo o deterioro en lo social, laboral u otras áreas importantes del funcionamiento.*

B. *Los síntomas obsesivo-compulsivos no se pueden atribuir a los efectos fisiológicos de una sustancia (por ejemplo, una droga, un medicamento) o a otra afección médica.*

C. *La alteración no se explica mejor por los síntomas de otro trastorno mental (por ejemplo, preocupaciones excesivas, como en el trastorno de ansiedad generalizada; preocupación por el aspecto, como en el trastorno dismórfico corporal; dificultad de deshacerse o renunciar a las posesiones, como en el trastorno de acumulación;*

arrancarse el pelo, como en la tricotilomanía [trastorno de arrancarse el pelo]; rascarse la piel, como en el trastorno de excoriación [rascarse la piel]; estereotipias, como en el trastorno de movimientos estereotipados; comportamiento alimentario ritualizado, como en los trastornos de la conducta alimentaria; problemas con sustancias o con el juego, como en los trastornos relacionados con sustancias y trastornos adictivos; preocupación por padecer una enfermedad, como en el trastorno de ansiedad por enfermedad; impulsos o fantasías sexuales, como en los trastornos parafílicos; impulsos, como en los trastornos disruptivos, del control de los impulsos y de la conducta; rumiaciones de culpa, como en el trastorno de depresión mayor; inserción de pensamientos o delirios, como en la esquizofrenia y otros trastornos psicóticos; o patrones de comportamiento repetitivo, como en los trastornos del espectro autista).

Mariano, de 50 años me comenta que cada vez que baja de su auto tiene que constatar si puso la alarma no menos de nueve o diez veces y que, en algunas ocasiones tiene que bajar de su departamento para constatar si la alarma del auto está puesta.

Paciente —Es increíble, muchas veces, casi no tengo ninguna duda de que ya puse la alarma e igual no puedo dejar de verificarlo.

Terapeuta —Y si no tenés ninguna duda ¿qué te lleva a volver a verificarlo una y otra vez?

P (Piensa) —No sé, es como una voz que me hace dudar. Como si una voz me dijera que no puse la alarma. Por eso, cuando pongo la alarma del auto ya aprendí que debo poner plena atención para poder recordar después que sí la puse. A veces, eso me permite no volver a verificarlo, pero otras veces, esta voz o como quieras llamarla me gana y entonces tengo que ir, aunque recuerdo con claridad que ya la puse.

Como puede verse, quien sufre de Trastorno Obsesivo Compulsivo vive en un temor constante que, de una manera u otra, no termina nunca. Así, el futuro, al ser siempre incierto, se transforma en un terreno fértil para plantar lo que se desee plantar. O, mejor dicho, lo que esta "voz" que señala Mariano decida plantar, al menos hasta que alguien se lo impida.

El esquema interno del Trastorno Obsesivo Compulsivo

Como puede entreverse, esta voz es el Crítico/Guía interior que ahora no exige, ni maltrata de forma directa, sino que le dice al Ejecutante que algo grave sucederá. Digamos que, en lugar de exigir, lo asusta.

Es así como, de nuevo, nos encontramos aquí con un Crítico/Guía que agrede al Ejecutante, de una manera similar a como hemos visto en los cuadros anteriores. Por supuesto, la diferencia es, una vez más, cómo reacciona el Padre/Madre Bueno.

Y aquí entonces, la compulsión.

Porque es el Padre/Madre Bueno quien le dice al Ejecutante que, para evitar que suceda lo que el Crítico/Guía dice que sucederá debe ir una y otra vez y una y otra vez a verificar si puso la alarma del auto.

Así, el Ejecutante "hijo" de esta pareja no puede evitar destinar una energía y tiempos excesivos y desproporcionados para evitar que suceda algo que casi nunca sucede ni hubiera sucedido y que solo aparece como posibilidad en el relato permanente, continuo y atormentante del Crítico/Guía y en la orden susurrante pero inflexible del Padre/Madre Bueno.

Como puede verse, aún no hay un Adulto aquí, aún no hay un Yo. Todo el sujeto es aún un Ejecutante/Niño (y los padres introyectados de este Ejecutante/Niño) que verifica algo ya verificado una y otra y otra vez sólo para evitar que suceda lo que en realidad nunca sucede.

Observemos de qué manera se dio esto en la infancia de Mariano.

Terapeuta —¿Recordás alguna escena de tu infancia que sientas que tenga que ver con esto, Mariano?

Paciente —¿Con la alarma del auto?

T —Quizá no necesariamente con la alarma del auto sino con esta sensación de que algo terrible va a pasar y que hay que hacer algo para evitarlo.

P —(Piensa) No lo sé, creo que no lo veo.

T —Con alguien que asegure alguna catástrofe o algo inminente que esté por pasar.

P —Bueno, dicho así, es mi mamá.

T —¿Cómo?

P —Bueno, mi mamá siempre decía que nos íbamos
a quedar en la calle.

T —¿Cómo era eso?

P —Decía que la plata no alcanzaba y que mi papá
no trabajaba lo suficiente y que íbamos a perder todo.

T —¿A qué edad tuya?

P —A todas las edades, pero no sé, me acuerdo desde
que tengo cinco, seis años, para adelante.

T —¿Y tu papá?

P —Muchas veces mi papá estaba trabajando, pero
cuando estaba y mi mamá empezaba con eso de que
nos íbamos a quedar en la calle mi papá empezaba a
tratar de calmarla. Le decía que no era verdad, que
no se preocupe, que se quede tranquila. Y así podían
pasar horas; mi mamá protestando y mi papá tratando
de que se calme.

Como puede verse se encuentran aquí los tres elementos que luego vemos dentro de Mariano: *La Madre*,
hoy introyectada en la figura del Crítico/Guía, *el Nene*
hoy introyectado en la figura del Ejecutante y *el Padre*,
hoy introyectado en Mariano mismo, que no puede
asumir su Yo adulto y poner, de alguna manera, límite a su Crítico/Guía (Madre) y que repite a su Padre/
Madre Bueno.

Es lógico que muchas veces no es tan claro el esquema vincular y es necesario rastrearlo y reconstruirlo
de manera mucho más compleja y, casi diríamos, ar-

tesanal. Sin embargo, el ejemplo de Mariano nos sirve porque vemos aquí algo que se da siempre en el TOC y, por supuesto, también en cualquier otro trastorno: La repetición hoy, en forma de Escenas Copia del esquema vincular de las Escenas Matrices de la infancia del sujeto.

¿Cuál es el TOC de quienes no tenemos TOC?

Es probable que ni el lector ni yo tengamos TOC ni hayamos sido diagnosticados como Obsesivos Compulsivos. Sin embargo ¿qué es eso que hacemos para evitar algo que nunca sucede? O, para pensarlo con mayor claridad ¿Qué es eso que hacemos *de más* para evitar algo que nunca sucede? Porque quizá es bueno verificar alguna vez si pusimos la alarma del auto, pero ¿cuántas veces vamos a verificarla? ¿O cuántas horas trabajamos para asegurarnos de no quedarnos sin dinero, clientes, pacientes; aunque nunca nos hemos quedado sin ellos? ¿O cuánta energía ponemos en los vínculos para asegurarnos de que el otro no se vaya, aunque no se va (y aunque si se va, tampoco sucede aquello que creemos que sucederá)?

En definitiva ¿cuánta energía, tiempo, rituales, repeticiones ponemos de más en nuestra vida, para evitar algo que nunca ocurre?

Como un hámster en su rueda, el Obsesivo Compulsivo (o, mejor dicho, todos, en nuestra obsesividad compulsiva) corre a toda velocidad hacia una salida imaginaria. A diferencia del hámster, su problema es real, el nuestro no.

Trastorno de Ansiedad Generalizada

El otro gran cuadro de los pertenecientes al grupo de los Trastornos de Ansiedad en el que nos detendremos es el Trastorno de Ansiedad Generalizada.

Según el DSM V[29], los criterios diagnósticos para diagnosticar a un paciente con un Trastorno de Ansiedad son

> A. *Ansiedad y preocupación excesiva (antici-pación aprensiva), que se produce durante más días de los que ha estado ausente durante un mínimo de seis meses, en relación con diversos sucesos o actividades (como en la actividad laboral o escolar).*
>
> B. *Al individuo le es difícil controlar la preo-cupación.*
>
> C. *La ansiedad y la preocupación se asocian a tres (o más) de los seis síntomas siguientes (y al menos algunos síntomas han estado presentes durante más días de los que han estado ausentes durante los últimos seis meses):*
>
> D. *Nota: En los niños solamente se requiere un ítem.*

> 1. *Inquietud o sensación de estar atrapado o con los nervios de punta.*
> 2. *Facilidad para fatigarse.*

[29] DSM V, Op. Cit.

3. *Dificultad para concentrarse o quedarse con la mente en blanco.*

4. *Irritabilidad.*

5. *Tensión muscular.*

6. *Problemas de sueño (dificultad para dormirse o para continuar durmiendo, o sueño inquieto e insatisfactorio).*

E. *La ansiedad, la preocupación o los síntomas físicos causan malestar clínicamente significativo o deterioro en lo social, laboral u otras áreas importantes del funcionamiento.*

F. *La alteración no se puede atribuir a los efectos fisiológicos de una sustancia (por ejemplo, una droga, un medicamento) ni a otra afección médica (por ejemplo, hipertiroidismo).*

G. *La alteración no se explica mejor por otro trastorno mental (por ejemplo, ansiedad o preocupación de tener ataques de pánico en el trastorno de pánico, valoración negativa en el trastorno de ansiedad social [fobia social], contaminación u otras obsesiones en el trastorno obsesivo-compulsivo, separación de las figuras de apego en el trastorno de ansiedad por separación, recuerdo de sucesos traumáticos en el trastorno de estrés postraumático, aumento de peso en la anorexia nerviosa, dolencias físicas en el trastorno de síntomas somáticos, percepción de imperfec-*

Como en el resto de los cuadros pertenecientes a los Trastornos de Ansiedad encontramos aquí un Ejecutante angustiado y un Crítico/Guía que asusta, solo que este asustar se da ahora ya no de manera puntual sino general y, en este sentido, difuso.

El sujeto vive entonces en un temor más o menos constante y vago que adopta diferentes formas, nunca definidas e identificables en su totalidad, pero siempre, de una u otra manera, presentes.

El Crítico/Guía asusta y, por supuesto, repite así a la voz del Padre/Madre que en la infancia del sujeto instalaba el temor de que algo grave sucederá en lo inminente; y, por supuesto, el Ejecutante vive atemorizado.

Las áreas por las que el temor sobrevuela suelen tener que ver con la seguridad económica, afectiva y física; siendo mayor o menor según cada individuo.

Gerardo, 57 años, abogado exitoso, me cuenta.

Paciente —No puedo dormir. Me despierto a las tres de la mañana y ya no me duermo más. La cabeza no me para.

Terapeuta —¿Y en qué pensás cuando te despertás? ¿Qué dice la cabeza cuando no te para?

P —En general empiezo a pensar cosas de trabajo. Empiezo a pensar en los clientes, lo que tengo que hacer, lo que tengo que presentar.

T —¿Podés identificar qué es lo que pensás? Porque también podrías pensar lo buen abogado que sos, cuánto ayudas a tus clientes, lo contentos que deben estar con vos para tener tanto éxito como tenés en tu profesión...

P —(se ríe) No, para nada. Siempre pienso que no voy a llegar con los tiempos, que los expedientes que presento están mal, que en el próximo juicio mi cliente no saldrá beneficiado.

T —Y si damos un paso más ¿qué ocurre si pasa algo de eso?

P —No, ya sé, no pasa nada. Imaginate que en tantos años perdí más de un juicio y tampoco en realidad pasa nada, pero...

T —No, ya sé que no pasa nada. Pero qué es lo que vos pensás que va a pasar, más allá de que luego entiendas que no pasa nada. Quiero decir, si damos rienda suelta a la fantasía de lo que dice tu mente ¿qué dice que pasa?

P —¡Ah, no! Si le doy rienda suelta siempre termino igual. Siempre termino perdiendo todo y debajo de un puente sin dinero, sin casa, sin auto, sin nada.

Como puede verse, independientemente de la realidad, el Crítico/Guía (la mente) siempre asegura un futuro de catástrofe. Un futuro en el que Gerardo (identificado con el Ejecutante) no puede evitar haber perdido todo lo que ha conseguido y construido durante más de treinta años de exitosa profesión.

Así, como hemos dicho, al no existir aún, el futuro es siempre un terreno fértil para que el Crítico/Guía instale allí lo que decida instalar; y, como el Ejecutante es un niño, no podrá no creer en lo que su Padre/Madre decida instalar allí como verdad, tenga o no relación con la realidad.

Como puede verse, en los Trastornos de Ansiedad Generalizada, el objeto utilizado por el Crítico/Guía es vago, cuesta definirlo y toma toda la vida del sujeto.

¿Dónde está el Yo? Identificado con el Padre/Madre Bueno y, por supuesto, sin poner límite al Crítico/Guía.

Ahora bien, demos un paso más en el relato de Gerardo y veamos con qué Escena Matriz podemos vincular algo de lo que le ocurre con el trabajo.

Terapeuta —Entiendo lo que me comentás, Gerardo. Y ahora que hemos podido escuchar que lo que dice esta voz, más allá de que entiendas que nunca pasará, es que vas a terminar debajo de un puente y habiendo perdido todo lo que conseguiste construir, quiero preguntarte ¿podés relacionar esta voz que dice esto con algo de tu infancia? O, para decirlo de otro modo, esta voz que dice esto ¿se parece a alguien de tu infancia?

Paciente —Es mi mamá. Está clarísimo.

T —¿Cómo?

P —Sí, mi mamá todo el día nos decía que mi papá era un inútil que siempre hacía malos negocios y que por culpa de él íbamos a perderlo todo.

T —¿Te acordás de alguna situación puntual en la que decía esto?

P —Todo el tiempo.

T —¿Alguna puntual?

P —(Piensa) Me acuerdo de que un día, tenía unos doce o trece años. Era un sábado. Había un campeonato de fútbol y yo estaba súper contento. Me desperté como a las siete de lo ansioso que estaba. Y cuando salgo de mi habitación para ir a bañarme y empezar a prepararme, aunque faltaban como tres horas, la veo a mi mamá sentada en el comedor con la cabeza entre las manos. Le pregunté que le pasaba y empezó: "Que tu papá es un inútil, que no sabés en el lío que se metió, que pidió un préstamo y no lo va a poder pagar y que ahora sí estoy segura de que vamos a perder hasta la casa, siempre lo mismo..." y etcétera, etcétera.

T —¿Vos qué hiciste?

P —(Más pausado) Vos sabés que yo iba con la ropa y la toalla para el baño y cuando la vi así y me empezó a hablar me senté al lado de ella y empecé a decirle que no se preocupe, que todo iba a estar bien. Y mi mamá lloraba y se quejaba. Estuve un montón de tiempo, me acuerdo.

Como puede verse, la descarga que hace la mamá de Gerardo sobre el Nene/a es la misma que hace hoy el Crítico/Guía de Gerardo sobre el Ejecutante. Una descarga que tiene dos elementos que se repiten casi de manera idéntica: Por un lado, el dar como verdad algo que nunca sucede y, por otro lado, un quantum de alta intensidad extraordinario que excede en su totalidad lo que el Nene/Ejecutante puede tramitar. La consecuencia también es la misma: El Nene/Ejecutante tiene que poner su vida al margen (deja de ir a bañarse para ir a jugar al fútbol/no puede continuar durmiendo) y sólo puede ser un recipiente de ese quantum que la Madre/Crítico/Guía descarga sobre él en forma de imágenes angustiantes de un futuro que nunca sucede.

Terapeuta —Finalmente ¿se perdió la casa?

Paciente —No (sonríe), mi papá vivió ahí hasta que se murió y mi mamá todavía vive en esa casa.

Nuestra ansiedad, por más que no esté generalizada

¿Qué es lo que siempre tememos que suceda, aunque nunca sucede?

¿Cuál es el monstruo que nos dijeron que se encuentra dentro del armario y que no existe, pero a partir de lo cual condicionamos, sino toda nuestra vida, una parte de ella?

¿Qué es lo que nos dice nuestra mente que nos despierta a las tres de la mañana?

Todos tenemos, de una u otra manera, una mente que nos asusta. O, para decirlo con mayor exactitud: Una mente (Crítico/Guía) que asusta a una parte nuestra (Ejecutante) que es la que no puede dormir (o no puede estar de vacaciones o no puede ver una película).

Ahora bien ¿qué hacemos nosotros con ella? ¿Le entregamos al Ejecutante para que esta voz haga con él lo que desee o lo defendemos de alguna manera? ¿Se lo entregamos para que descargue en él su angustia y, así, le impida ir hacia su propia vida o nos interponemos y la desenmascaramos nombrándola locura en lugar de verdad?

Terapeuta —¿Dónde estaba tu padre ese sábado mientras vos intentabas calmar a tu mamá, Gerardo?

Paciente —Durmiendo. Mi papá siempre estaba durmiendo, trabajando o mirando la tele.

¿Dónde estamos nosotros cuando la locura del Crítico/Guía arrasa al Ejecutante y lo asusta con algo que nunca ocurrirá?

¿Somos como ese Padre/Madre Bueno que duerme y entonces posibilita el maltrato que la mamá de Gerardo lleva a cabo sobre él o somos Adultos, nos levantamos de la cama y nos interponemos ante esa Madre para que el Nene pueda ir hacia su partido de fútbol?

El Trastorno de Ansiedad Generalizada es, de entre los que conforman los Trastornos de Ansiedad, quizá el cuadro donde se ve con mayor hondura el mecanismo de sometimiento al que el Ejecutante está expuesto.

Un sometimiento para el que siempre se necesita: Un Padre/Madre Malo que descargue su propia escena atemorizante sobre el Nene/a. Una escena vaga e imprecisa siempre puesta en el futuro. Una escena catastrófica que, de darse, modificaría de manera negativa y profunda toda la vida del Hijo. Un Padre/Madre Bueno que posibilite, por lo general, no estando allí.

Y todo esto hoy introyectado en el paciente que se sienta frente a nosotros en nuestro consultorio.

Reconocernos en él.

Sanar en nosotros.

Para poder ayudar a nuestro paciente a dar un pequeño próximo paso en su proceso.

3. Trastornos de la Personalidad

O la imposibilidad de estar con un Otro

Llegamos ahora al último grupo de trastornos al cual nos abocaremos en este libro.

Por supuesto existen muchos otros, pero con este grupo consideramos que hemos abarcado los trastornos psicopatológicos más significativos; al menos para un primer acercamiento a la psicopatología desde la Mirada de las Escenas Matrices.

Este último grupo de trastornos se encuentran reunidos bajo el nombre de *Trastornos de la Personalidad*

Y, en este sentido, este grupo constituye una serie de trastornos que tienen como denominador común el afectar ya no a un área del sujeto sino a lo que llamamos *personalidad*, es decir, desde esta perspectiva, a toda una manera de ser del sujeto en el mundo. Una manera de ser a partir de la cual el sujeto se presenta a los otros y a sí mismo.

Una forma de estar en el mundo.

Veamos cuáles son los criterios diagnósticos que menciona el DSM V[30] con respecto a este grupo de trastornos.

A. *Un patrón permanente de experiencia interna y de comportamiento que se aparta de las expectativas de la cultura del sujeto. Este patrón se manifiesta en dos (o más) de las siguientes áreas:*

B. *Cognición (formas de percibir e interpretarse a uno mismo, a otras personas y a los acontecimientos).*

C. *Afectividad (el rango, la intensidad, la labilidad y la adecuación de la respuesta emocional).*

D. *Funcionamiento interpersonal.*

E. *Control de los impulsos.*

F. *El patrón persistente es inflexible y se extiende a una amplia gama de situaciones personales y sociales.*

G. *El patrón persistente provoca malestar clínico significativo o deterioro de la actividad social, laboral o en otras áreas importantes.*

H. *El patrón es estable y de larga duración, y su inicio se remonta al menos a la adolescencia o edad adulta temprana.*

I. *El patrón persistente no se explica mejor como una manifestación o consecuencia de otro trastorno mental.*

J. *El patrón persistente no es atribuible a los efectos fisiológicos de una sustancia (por ejemplo, una droga o un medicamento) o de otra afección médica (por ejemplo, traumatismo craneoencefálico).*

[30] DSM V —Manual diagnóstico y estadístico de los trastornos mentales — American Psychiatric Association —2014

Así, encontramos en los Trastornos de la Personalidad un patrón permanente y persistente del modo de percibir, pensar y relacionarse del sujeto consigo mismo y con su entorno. Sin embargo, según menciona el DSM V este patrón permanente no alcanza para diagnosticar un Trastorno de la Personalidad, sino que *"...tan sólo cuando los rasgos de personalidad son inflexibles y desadaptativos, y causan deterioro funcional o malestar subjetivo significativo, constituyen un trastorno de la personalidad."*[31]

¿Por qué nos parece esto tan fundamental?

Porque, si bien no es nuestra intención hacer una escala valorativa acerca de la importancia de los cuadros psicopatológicos y tampoco creemos que esto pueda ser posible, los Trastornos de la Personalidad constituyen un estadio más amplio desde lo cuantitativo que otros trastornos, porque toman toda una manera de ser del sujeto y de su estar en el mundo.

Para decirlo de otra manera, en los Trastornos de la Personalidad, el sujeto está en el mundo de una manera ya neurótica. Su manera de ser es neurótica.

Y además (y aquí lo fundamental) esta manera de ser causa un malestar significativo y un deterioro en su vida cotidiana. Es decir que esta manera de ser lo *separa* del mundo.

Casi como si su manera de estar en el mundo fuera estar *separado* del mundo.

Este punto, fundamental, podremos comprenderlo en toda su dimensión cuando, en el final de nuestro recorrido, nos refiramos a la Perversión de los Padres

---

[31] DSM V, Ob. Cit.

y al Objetivo (inconsciente) de esta Perversión de los Padres.

Dicho esto, ingresemos ahora, al menos de manera breve en los diferentes tipos de Trastornos de la Personalidad.

Los diferentes tipos de Trastornos de la Personalidad

El DSM V divide a los Trastornos de la Personalidad en tres grupos según algunas características más o menos comunes.

Los Grupos, los Trastornos y los Criterios Diagnósticos se dividen de la siguiente manera:

Grupo A

A. Trastorno de la Personalidad Paranoide

Desconfianza y suspicacia intensa frente a los demás, de tal manera que sus motivos se interpretan como malévolos, que comienza en las primeras etapas de la edad adulta y está presente en diversos contextos, y que se manifiesta por cuatro (o más) de los siguientes hechos:

1. *Sospecha, sin base suficiente, de que los demás explotan, causan daño o decepcionan al individuo.*
2. *Preocupación con dudas injustificadas acerca de la lealtad o confianza de los amigos o colegas.*

3. *Poca disposición a confiar en los demás debido al miedo injustificado a que la información se utilice de forma maliciosa en su contra.*

4. *Lectura encubierta de significados denigrantes o amenazadores en comentarios o actos sin malicia.*

5. *Rencor persistente (es decir, no olvida los insultos, injurias o desaires).*

6. *Percepción de ataque a su carácter o reputación que no es apreciable por los demás y disposición a reaccionar rápidamente con enfado o a contraatacar.*

7. *Sospecha recurrente, sin justificación, respecto a la fidelidad del cónyuge o la pareja.*

No se produce de manera exclusiva en el curso de la esquizofrenia, un trastorno bipolar o un trastorno depresivo con características psicóticas, u otro trastorno psicótico, y no se puede atribuir a los efectos fisiológicos de otra afección médica.

B. Trastorno de la Personalidad Esquizoide

Patrón dominante de desapego en las relaciones sociales y poca variedad de expresión de las emociones en contextos interpersonales, que comienza en las primeras etapas de la edad adulta y está presente en diversos contextos, y que se manifiesta por cuatro (o más) de los siguientes hechos:

1. *No desea ni disfruta las relaciones íntimas, incluido el formar parte de una familia.*
2. *Casi siempre elige actividades solitarias.*
3. *Muestra poco o ningún interés en tener experiencias sexuales con otra persona.*
4. *Disfruta con pocas o con ninguna actividad.*
5. *No tiene amigos íntimos ni confidentes aparte de sus familiares de primer grado.*
6. *Se muestra indiferente a las alabanzas o a las críticas de los demás.*
7. *Se muestra frío desde lo emocional, con desapego o con afectividad plana.*

No se produce de manera exclusiva en el curso de la esquizofrenia, un trastorno bipolar o un trastorno depresivo con características psicóticas, otro trastorno psicótico o un trastorno del espectro autista, y no se puede atribuir a los efectos fisiológicos de otra afección médica.

C. Trastorno de la Personalidad Esquizotípica

Patrón dominante de deficiencias sociales e interpersonales que se manifiesta por un malestar agudo y poca capacidad para las relaciones estrechas, así como por distorsiones cognitivas o perceptivas y comportamiento excéntrico, que comienza en las primeras etapas de la edad adulta y está presente en diversos contextos, y que se manifiesta por cinco (o más) de los siguientes hechos:

1. *Ideas de referencia (con exclusión de delirios de referencia).*

2. *Creencias extrañas o pensamiento mágico que influye en el comportamiento y que no concuerda con las normas subculturales (por ejemplo, supersticiones, creencia en la clarividencia, la telepatía o un "sexto sentido"; en niños y adolescentes, fantasías o preocupaciones extravagantes).*

3. *Experiencias perceptivas inhabituales, incluidas ilusiones corporales.*

4. *Pensamientos y discurso extraños (por ejemplo, vago, circunstancial, metafórico, súper elaborado o estereotipado).*

5. *Suspicacia o ideas paranoides.*

6. *Afecto inapropiado o limitado.*

7. *Comportamiento o aspecto extraño, excéntrico o peculiar.*

8. *No tiene amigos íntimos ni confidentes aparte de sus familiares de primer grado.*

9. *Ansiedad social excesiva que no disminuye con la familiaridad y tiende a asociarse a miedos paranoides más que a juicios negativos sobre sí mismo.*

No se produce solo en el curso de la esquizofrenia, un trastorno bipolar o un trastorno depresivo con características psicóticas, otro trastorno psicótico o un trastorno del espectro autista.

Como puede verse, en los trastornos correspondientes al llamado Grupo A lo que predomina es, de diferentes maneras, el alejamiento de los vínculos sociales. Es decir, el alejamiento de un otro.

Esto se da de diferentes maneras. Así, mientras en el Trastorno de la P. Paranoide aparecen ideas cuasi persecutorias vinculadas a la intención de los demás y en el Trastorno de la P. Esquizoide aparece más bien un desapego o desinterés en la vinculación con el otro, en el Trastorno de la P. Esquizotípico aparece un accionar, creencias o conductas extrañas que ubican al sujeto como diferente de su ambiente sociocultural.

En definitiva, en los tres trastornos la consecuencia final es el aislamiento o, mejor dicho, el no contacto con el otro.

Como puede verse también estos trastornos son los más cercanos a la psicosis, aunque no alcanzan a ubicar al sujeto "de ese lado de la línea que divide y no divide".

Grupo B

1. Trastorno de la Personalidad Antisocial

Patrón dominante de inatención y vulneración de los derechos de los demás, que se produce desde antes de los quince años de edad, y que se manifiesta por tres (o más) de los siguientes hechos:

a) Incumplimiento de las normas sociales respecto a los comportamientos legales, que se manifiesta por actuaciones repetidas que son motivo de detención.

b) *Engaño, que se manifiesta por mentiras repetidas, utilización de alias o estafa para provecho o placer personal.*

c) *Impulsividad o fracaso para planear con antelación.*

d) *Irritabilidad y agresividad, que se manifiesta por peleas o agresiones físicas repetidas.*

e) *Desatención imprudente de la seguridad propia o de los demás.*

f) *Irresponsabilidad constante, que se manifiesta por la incapacidad repetida de mantener un comportamiento laboral coherente o cumplir con las obligaciones económicas.*

g) *Ausencia de remordimiento, que se manifiesta con indiferencia o racionalización del hecho de haber herido, maltratado o robado a alguien.*

1. *El individuo tiene como mínimo dieciocho años.*

2. *Existen evidencias de la presencia de un trastorno de la conducta con inicio antes de los quince años.*

3. *El comportamiento antisocial no se produce de forma exclusiva en el curso de la esquizofrenia o de un trastorno bipolar.*

2. Trastorno de la Personalidad Límite

1. *Patrón dominante de inestabilidad de las relaciones interpersonales, de la autoimagen y de los afectos, e impulsividad intensa, que comienza en las*

primeras etapas de la edad adulta y está presente en diversos contextos, y que se manifiesta por cinco (o más) de los siguientes hechos:

2. *Esfuerzos desesperados para evitar el desamparo real o imaginado. (Nota: No incluir el comportamiento suicida ni las conductas autolesivas que figuran en el Criterio 5.)*

3. *Patrón de relaciones interpersonales inestables e intensas que se caracteriza por una alternancia entre los extremos de idealización y de devaluación.*

4. *Alteración de la identidad: inestabilidad intensa y persistente de la autoimagen y del sentido del yo.*

5. *Impulsividad en dos o más áreas que son en potencia autolesivas (por ejemplo, gastos, sexo, drogas, conducción temeraria, atracones alimentarios). (Nota: No incluir el comportamiento suicida ni las conductas autolesivas que figuran en el Criterio 5.)*

6. *Comportamiento, actitud o amenazas recurrentes de suicidio, o conductas autolesivas.*

7. *Inestabilidad afectiva debida a una reactividad notable del estado de ánimo (por ejemplo, episodios intensos de disforia, irritabilidad o ansiedad que generalmente duran unas horas y, rara vez, más de unos días).*

8. *Sensación crónica de vacío.*

9. *Enfado inapropiado e intenso, o dificultad para controlar la ira (por ejemplo, exhibición frecuente de genio, enfado constante, peleas físicas recurrentes).*

10. *Ideas paranoides transitorias relacionadas con el estrés o síntomas disociativos graves.*

3. Trastorno de la Personalidad Histriónica

Patrón dominante de emotividad excesiva y de búsqueda de atención, que comienza en las primeras etapas de la edad adulta y está presente en diversos contextos, y que se manifiesta por cinco (o más) de los siguientes hechos:

1. *Se siente incómodo en situaciones en las que no es el centro de atención.*
2. *La interacción con los demás se caracteriza con frecuencia por un comportamiento sexualmente seductor o provocativo inapropiado.*
3. *Presenta cambios rápidos y expresión plana de las emociones.*
4. *Utiliza de forma constante el aspecto físico para atraer la atención.*
5. *Tiene un estilo de hablar que se basa en exceso en las impresiones y que carece de detalles.*
6. *Muestra autodramatización, teatralidad y expresión exagerada de la emoción.*
7. *Es sugestionable (es decir, influenciable por los demás o por las circunstancias).*
8. *Considera que las relaciones son más estrechas de lo que son en realidad.*

4. Trastorno de la Personalidad Narcisista

Patrón dominante de grandeza (en la fantasía o en el comportamiento), necesidad de admiración y falta de empatía, que comienza en las primeras etapas de la vida adulta y se presenta en diversos contextos, y que se manifiesta por cinco (o más) de los siguientes hechos:

1. *Tiene sentimientos de grandeza y prepotencia (por ejemplo, exagera sus logros y talentos, espera ser reconocido como superior sin contar con los correspondientes éxitos).*
2. *Está absorto en fantasías de éxito, poder, brillantez, belleza o amor ideal ilimitado.*
3. *Cree que es "especial" y único, y que sólo pueden comprenderle o sólo puede relacionarse con otras personas (o instituciones) especiales o de alto estatus.*
4. *Tiene una necesidad excesiva de admiración.*
5. *Muestra un sentimiento de privilegio (es decir, expectativas no razonables de tratamiento favorable o de cumplimiento automático de sus expectativas).*
6. *Explota las relaciones interpersonales (es decir, se aprovecha de los demás para sus propios fines).*
7. *Carece de empatía: no está dispuesto a reconocer o a identificarse con los sentimientos y necesidades de los demás.*
8. *Con frecuencia envidia a los demás o cree que éstos sienten envidia de él.*
9. *Muestra comportamientos o actitudes arrogantes, de superioridad.*
10. *Como puede observarse, en el caso de los trastornos del Grupo B lo que predomina, para decirlo de alguna manera, es un intento fallido de vinculación saludable con un otro.*

11. *Es decir, aquí el sujeto no se aísla (ni por descon-fianza, por desinterés o por ser diferente) sino que, de alguna manera se vincula, aunque su modalidad vincular lo deja de nuevo sin la posibilidad del otro.*

12. *Así, mientras en el Trastorno de la P. Antisocial el vínculo se da a partir de la agresión, en el Trastorno de la P. Límite se da a partir de la polaridad idealización-odio, en el Trastorno de la P. Histriónica y en el Trastornos de la P. Narcisista se da a partir del intento de ser el centro de atención, en aquel a partir de la expresión emocional y de lo corporal y en este último fundamentalmente a partir de la palabra.*

13. *Como también puede verse, lo más distintivo de los Trastornos de este Grupo es la alta dosis de intensidad en sus ambivalentes intentos de vinculación con un otro.*

Como puede observarse, en el caso de los trastornos del Grupo B lo que predomina, para decirlo de alguna manera, es un intento fallido de vinculación saludable con un otro.

Es decir, aquí el sujeto no se aísla (ni por desconfianza, por desinterés o por ser diferente) sino que, de alguna manera se vincula, aunque su modalidad vincular lo deja de nuevo sin la posibilidad verdadera del otro.

Así, mientras en el Trastorno de la P. Antisocial el vínculo se da a partir de la agresión, en el Trastorno de la P. Límite se da a partir de la polaridad idealización-odio, en el Trastorno de la P. Histriónica y en el Trastorno de la P. Narcisista se da a partir del intento de ser el centro de atención, en aquel a partir de la expresión emocional y de lo corporal y en este último, a partir de la palabra.

Como también puede verse, lo más distintivo de los Trastornos de este Grupo es la alta dosis de intensidad en sus ambivalentes intentos de vinculación con un otro.

Grupo C

1. Trastorno de la Personalidad Evitativa

Patrón dominante de inhibición social, sentimientos de incompetencia e hipersensibilidad a la evaluación negativa, que comienza en las primeras etapas de la edad adulta y está presente en diversos contextos, y que se manifiesta por cuatro (o más) de los siguientes hechos:

1. *Evita las actividades laborales que implican un contacto interpersonal significativo por miedo a la crítica, la desaprobación o el rechazo.*
2. *Se muestra poco dispuesto a establecer relación con los demás, a no ser que esté seguro de ser apreciado.*
3. *Se muestra retraído en las relaciones estrechas porque teme que lo avergüencen o ridiculicen.*

4. *Le preocupa ser criticado o rechazado en situaciones sociales.*

5. *Se muestra inhibido en nuevas situaciones interpersonales debido al sentimiento de falta de adaptación.*

6. *Se ve a sí mismo como inepto en lo social, con poco atractivo personal o inferior a los demás.*

7. *Se muestra en exceso reacio a asumir riesgos personales o a implicarse en nuevas actividades porque le pueden resultar embarazosas.*

2. Trastorno de la Personalidad Dependiente

1. *Necesidad dominante y excesiva de que le cuiden, lo que conlleva un comportamiento sumiso y de apego exagerado, y miedo a la separación, que comienza en las primeras etapas de la edad adulta y está presente en diversos contextos, y que se manifiesta por cinco (o más) de los siguientes hechos:*

2. *Le cuesta tomar decisiones cotidianas sin el consejo y la reafirmación excesiva de otras personas.*

3. *Necesita a los demás para asumir responsabilidades en la mayoría de los ámbitos importantes de su vida.*

4. *Tiene dificultad para expresar el desacuerdo con los demás por miedo a perder su apoyo o aprobación. (Nota: No incluir los miedos realistas de castigo.)*

5. *Tiene dificultad para iniciar proyectos o hacer cosas por sí mismo (debido a la falta de confianza en el propio juicio o capacidad y no por falta de motivación o energía).*

6. *Va demasiado lejos para obtener la aceptación y apoyo de los demás, hasta el punto de hacer adrede cosas que le desagradan.*

7. *Se siente incómodo o indefenso cuando está solo por miedo exagerado a ser incapaz de cuidarse a sí mismo.*

8. *Cuando termina una relación estrecha, busca con urgencia otra relación para que le cuiden y apoyen.*

9. *Siente una preocupación no realista por miedo a que lo abandonen y tenga que cuidar de sí mismo*

3. Trastorno de la Personalidad Obsesivo-Compulsiva

1. *Patrón dominante de preocupación por el orden, el perfeccionismo y el control mental e interpersonal, a expensas de la flexibilidad, la franqueza y la eficiencia, que comienza en las primeras etapas de la vida adulta y está presente en diversos contextos, y que se manifiesta por cuatro (o más) de los hechos siguientes:*

2. *Se preocupa por los detalles, las normas, las listas, el orden, la organización o los programas hasta el punto de que descuida el objetivo principal de la actividad.*

3. *Muestra un perfeccionismo que interfiere con la terminación de las tareas (por ejemplo, es incapaz de completar un proyecto porque no se cumplen sus propios estándares demasiado estrictos).*

4. *Muestra una dedicación excesiva al trabajo y la productividad que excluye las actividades de ocio*

y los amigos (que no se explica por una necesidad económica manifiesta).

5. *Es demasiado consciente, escrupuloso e inflexible en materia de moralidad, ética o valores (que no se explica por una identificación cultural o religiosa).*

6. *Es incapaz de deshacerse de objetos deteriorados o inútiles, aunque no tengan un valor sentimental.*

7. *Está poco dispuesto a delegar tareas o trabajo a menos que los demás se sometan exactamente a su manera de hacer las cosas.*

8. *Es avaro hacia sí mismo y hacia los demás; considera el dinero como algo que se ha de acumular para catástrofes futuras.*

9. *Muestra rigidez y obstinación.*

Al fin, en los trastornos correspondientes al Grupo C, aparecen de nuevo algunas características que aparecieron en los grupos anteriores, aunque de manera diferente.

Así, En el Trastorno de la P. Evitativo y en el Trastorno de la P. por Dependencia se da una sensación de extrema inferioridad con el otro (nótese que el Evitativo parecería un Esquizoide, sólo que a éste "no le interesa" vincularse mientras que el Evitativo "teme" vincularse, además de que éste no tiene cercanía con la psicosis) mientras que en el Trastorno de la P. Obsesivo-Compulsivo el otro ha sido, de alguna manera reemplazado por el trabajo, la productividad, el orden excesivo, etcétera.

Como si en los tres Trastornos al fin se jugara lo mismo: la dificultad para habitar un vínculo con un otro no predecible, no controlable y al final, incierto.

Trastornos de la Personalidad
¿Qué ha ocurrido con el otro?

Como hemos visto, los Trastornos de la Personalidad remiten, por fin, al vínculo con un otro. A cómo estar seguros (o qué hacer cuando no lo estamos) en el vínculo con un otro.

Se podrá decir que todos los trastornos, si los miramos en profundidad remiten a esto. Y entonces podríamos decir que, en definitiva, sí, pero no. Si porque, de alguna manera, todos los trastornos son la respuesta más enquistada que puede llevar a cabo un sujeto a las heridas sufridas en el vínculo con los primeros otros: Madre y Padre.

Y también que todo trastorno termina por afectar el vínculo con un otro.

Sí.

Pero en el caso de los Trastornos de la Personalidad, los efectos de estos se ven en especial, en el vínculo con el otro. Es decir, el trastorno mismo afecta el vínculo con el otro.

Y no solo eso, además no se da en alguna situación puntual o en determinadas condiciones, sino que se trata de un *patrón permanente de experiencia interna y de comportamiento*.

Un patrón permanente.

Un patrón permanente que aleja al sujeto del otro. Lo aleja de los demás.

El armado interno de los Trastornos de la Personalidad

¿Qué ocurre en el interior de un sujeto que experimenta un Trastorno de la Personalidad?

Siempre hay una voz que dice que el otro es peligroso. Que el otro lo ataca, no lo entiende, no lo quiere, al que no le importa. O, lo contrario (que es lo mismo), otro que no importa.

Siempre hay una voz dentro que, de diferentes maneras, informa que no es posible en verdad el vínculo saludable con un otro. Que no hay un otro que pueda considerar al sujeto como valioso, como digno de amor.

Ahora bien ¿quién es en realidad este otro? ¿Quién es en realidad quien no puede valorar al sujeto, quererlo, darle un lugar importante, interesarse de forma amorosa y saludable por él? Parece evidente que es el sujeto mismo.

O, para decirlo de otra manera, dentro de la Tópica Vincular con la que trabajamos en la Mirada de las Escenas Matrices, es el Crítico/Guía quien en verdad no puede valorar al Ejecutante. Es el Crítico/Guía quien siempre está hablando mal de él, quien siempre lo abandona, quien nunca está conforme, a quién el Ejecutante siempre tiene que estar demostrándole lo sabio, lo bello, lo extraordinario que es para así aspirar a algo de un amor que se va enseguida.

Es el Crítico/Guía quien no puede querer de verdad al Ejecutante.

Y es al propio Crítico/Guía a quien el sujeto ve cuando ve al otro.

Al Crítico/Guía que es sólo la introyección de aquel Padre/Madre Malo que nunca se conformaba, a quien nunca le alcanzaba, quien siempre abandonaba. Aquel Padre/Madre Malo que en verdad nunca estaba.

Así, el otro es la proyección del propio Crítico/Guía que es la introyección del Padre/Madre Malo.

Así, por no poder cuestionar al Padre/Madre Malo, el sujeto se queda sin el otro.

Y así se queda entonces, con el Padre/Madre Malo introyectado en el Crítico/Guía.

Y convive con él.

Siempre convive con él.

Sólo convive con él.

Solo.

¿Y el otro Padre/Madre?

Ahora bien, si, en definitiva, todos los Trastornos de Personalidad están armados a partir de lo mismo ¿por qué no son lo mismo?

Porque hay otro Padre/Madre, el Bueno.

Y es el Padre/Madre Bueno, el que ayer no llevó a cabo la acción, pero posibilitó la acción, quien hoy "empuja" al Ejecutante a uno u otro intento fallido de salida.

Así, en el Evitativo, el Padre/Madre Bueno le dice al Ejecutante que no salga, que no se reúna, que es mejor que se quede en casa; en el Histriónico, le dice que para ser querido debe mostrar siempre mucha intensidad y además gustar desde lo físico y lo emocional; en el Narcisista le dice que para ser querido tiene que mostrar lo extraordinario que es; en el Antisocial le dice que nadie nunca lo entenderá y entonces que es mejor que destruya lo del otro; en el Dependiente que al fin ha encontrado a un otro que lo quiere y que debe someterse para que lo siga queriendo; en el Límite que por fin ha encontrado a un otro que lo quiere y, luego que el otro lo ha engañado y merece un castigo; en el Paranoide que tiene que sospechar y desconfiar siempre de todos; en el Esquizoide que no le hace falta un otro; en el esquizotípico que ser diferente a todos es la única manera de ser y en el Obsesivo-Compulsivo que no hay otro en verdad importante y que sólo importa lo que él mismo puede hacer y conseguir.

¿Es una simplificación? Por supuesto que sí.

Sin embargo, no lo es.

Porque darnos cuenta de que en el fondo todo Trastorno de la Personalidad implica una herida preexistente correspondiente al vínculo con el primer otro (Padre/Madre Malo) reactualizada hoy en el vínculo con el otro, un intento fallido (por indicación del Padre/Madre Bueno) de evitar el contacto con esa herida y un infinito mundo sin otros donde el único otro es aquel mismo Padre/Madre Malo y aquel mismo Padre Madre Bueno, nos permite trascender etiquetas, mirar más allá de diagnósticos tan verdaderos y valiosos como insuficientes y contactar con más profundidad con lo que mi paciente con un Trastorno de la Personalidad me propone, me invita, me impone: Quizá la más profunda herida humana, la herida de la soledad inicial reeditada de manera infinita en la vida actual.

Porque eso es el Trastorno de la Personalidad: La dificultad *permanente* de vincularnos. Y la cárcel *permanente* de la vinculación sola y exclusiva con los padres.

La cárcel propia

En el extraordinario libro Nunca me abandones, su autor Kazuo Ishiguro introduce al lector en una escuela primaria y secundaria con internado en Inglaterra. Allí, en un mundo casi idílico, los niños y luego adolescentes llevan a cabo sus estudios y, en definitiva, toda su vida. A medida que el libro se desarrolla comienza a quedar en evidencia la ausencia de los padres y, por fin, casi de cualquier otra persona que no sea parte de la escuela.

Más lentamente aún, el lector se entera de que esos niños y luego adolescentes no son en realidad personas sino clones, y que han sido creados por una sociedad que tiene para ellos una y única tarea: Ser donantes de órganos de seres humanos cuando esto sea necesario.

Así, casi como una repetición eterna, cada uno de los clones comienza a donar sus órganos alrededor de los veintidós o veintitrés años (es decir, cuando llegan a la adultez) y luego de dos, tres o cuatro donaciones simplemente mueren. Sólo hay una opción a este inconcebible destino: Decidir ser cuidador/a y entonces pasar a cuidar a quienes son donantes durante algunos años. Luego de ello, los cuidadores también deberán donar sus órganos siguiendo así el camino del resto de los clones, sólo que un poco más tarde.

Ahora bien ¿dónde se lleva a cabo esta maquiavélica tarea? ¿En un mundo híper-controlado y con cadenas a la vista? No. En el mismo mundo que nosotros.

Una vez que los clones terminan sus estudios son llevados a una granja. Y luego alrededor de los veintidós o veintitrés años, van al mundo. Allí se confunden con las personas, son iguales que ellos. Sin embargo, ellos van sin cadenas visibles hacia su destino encadenado.

Hacia el final, hay una escena conmovedora. La pareja protagónica se enamora, llevan juntos desde el inicio de sus vidas. Se enteran de que quizá se den permisos a quienes están enamorados. Permisos para no donar durante unos años, unos años para poder disfrutar de su amor. El colegio ha cerrado, sin embargo, ellos buscan a la directora y la encuentran. Se presentan en su casa y le piden el permiso anhelado.

La directora dice que ese permiso no existe, que lo lamenta.

Ellos se van.

El protagonista masculino tiene unos veinticinco años, es donante. Ella la misma edad, es cuidadora.

Ambos, profundamente entristecidos, retornan a su destino.

Él muere al poco tiempo.

Ella lo hará un poco más tarde.

¿Por qué no dejaron de donar? ¿Por qué no se escaparon, buscaron un trabajo, cuestionaron que su destino sea ese? ¿Por qué?

¿Dónde estaba la cárcel? ¿Dónde las cadenas?

¿Hacia dónde caminamos? ¿Vamos hacia nuestro camino o vamos donde nos dijeron que debíamos ir?

¿Somos quienes somos o quienes nos dijeron que debíamos ser?

¿Nos vinculamos con el otro?

¿En realidad nos vinculamos con el otro?

¿Vemos al otro? ¿O lo miramos desde nuestro pensar, desde nuestra mente, desde nuestras defensas y huidas?

¿Por qué los protagonistas de Nunca me abandones no pudieron vincularse con el otro de verdad, salir de quienes les dijeron que tenían que ser?

Como quienes padecen de algún Trastorno de la Personalidad, miramos al otro desde nuestras propias proyecciones y desde nuestras propias defensas de las propias proyecciones.

¿Miramos al otro?

¿O sólo nos miramos a nosotros mismos?

Como deambuladores de una película creada que creemos que es el mundo. Creyéndonos protagonistas, sólo actuamos el papel que nos dieron.

Un papel que nos deja solos con quienes nos dieron el papel.

Un papel *permanente* que nos deja siempre en el mismo siempre lugar siempre con el mismo siempre (no) otro.

PARTE III

Capítulo v
Adicciones

Nos internaremos a continuación en una problemática que es y no es un cuadro psicopatológico estricto, pero que nos interesa en especial ya que se da de manera permanente en la clínica y, además, está relacionada íntimamente con los cuadros psicopatológicos, tanto con los que hemos mencionado antes como con otros.

Nos referimos a las Adicciones y nuestra idea es poder plantear de forma breve de qué manera vemos, desde la Mirada de las Escenas Matrices, a esta problemática cuasi universal.

¿Qué es la Adicción?

En este sentido diremos que llamamos adicción a una sensación de atracción en especial intensa hacia algo y que el sujeto experimenta en determinados momentos de su vida.

Estos momentos pueden ser puntuales o generales ya que no nos interesa pensar al sujeto como adicto sino observar los momentos en los que el sujeto se siente atraído de esta manera por ese algo, Para decirlo en otras palabras, poco nos importa si el sujeto es o no un adicto en el sentido estricto o médico sino darnos cuenta de la adicción como aquella sensación de atracción tan intensa hacia algo que todos, en algún u otro momento, experimentamos en nuestra vida.

Es decir, no pensaremos a la adicción de una manera cuantitativa, sino cualitativa.

Esto no quiere decir que sea lo mismo (o que veamos de la misma manera) un sujeto que experimenta esta adicción el 80% o 90% del tiempo que otro que la experimenta un 5% o 10% de su vida.

Sin embargo, a los efectos en los que trabajaremos aquí, nos importa de qué manera este proceso se lleva a cabo de manera independiente de cuánto tiempo esta sensación se encuentra presente en el universo del sujeto.

Es decir, no nos ocuparemos de aquella persona que podría diagnosticarse como adicto sino más bien de esos momentos en los que todos experimentamos esa sensación de atracción de difícil contención, es decir ese *ser adicto* que, de una u otra manera, todos conocemos.

Los elementos de la Adicción

Para ello comenzaremos diciendo que, lo que en primer lugar aparece en las adicciones es:

1. Un sujeto adicto
2. Una sustancia adictiva

Cuando hablamos de un Sujeto Adicto no nos referimos, por supuesto, a que este ser adicto sea inherente al sujeto. Es decir, el sujeto no nació adicto y el ser adicto no lo constituye en esencia. Nos referimos, en realidad, a que a este Sujeto *le pasa* esto; es decir, *le pasa* que se siente atraído hacia algo (Sustancia Adictiva) de una manera en especial intensa.

Por otro lado ¿cuál puede ser la Sustancia Adictiva? Cualquiera en absoluto. Y no sólo eso ya que puede ser una sustancia propiamente dicha pero también puede ser un objeto, una actividad o un vínculo.

Sin embargo, esto es sólo lo visible, sólo la punta del iceberg.

Si observamos con algo mayor de profundidad veremos que, además del Sujeto Adicto y la Sustancia Adictiva, siempre hay algo que al sujeto lo angustia y que esto que al sujeto lo angustia se da con exactitud antes del consumo de la Sustancia Adictiva.

Así, en toda adicción hay:
1. Un Sujeto Adicto
2. Una Sustancia Adictiva
3. Algo que angustia al Sujeto Adicto

Por supuesto, esto que angustia al sujeto puede ser evidente o puede estar allá lejos y en lo oscuro, enterrado en el fondo de la conciencia y de la percepción. Sin embargo, si hay adicción hay angustia, aunque no sepamos por qué.

Elena, 45 años, exitosísima empresaria.
Paciente —Estoy mal

Terapeuta —¿Por?

P —Me tomé todo otra vez.

T —Lo siento, Elena.

P —(Mira al piso, se le llenan los ojos de lágrimas)

T —¿Cómo fue?

P —Trabajé toda la semana como siempre. Y cuando llegó el viernes, llegué a mi casa a las ocho y media, nueve de la noche y me di cuenta de que no tenía nada que hacer ni ese viernes ni el fin de semana.

T —¿Y entonces?

P —Me desesperé. Llamé a cuatro amigas y todas tenían planes, llamé a una amiga más y no me contestó. Me angustié muchísimo. Entonces me abrí un vino.

T —¿Y?

P —No paré. Seguí ese viernes como hasta las tres de la mañana. Después el sábado cuando me desperté, como a las dos de la tarde empecé a tomar de nuevo y así seguí. El domingo también me desperté re tarde, ni podría decirte a qué hora. Recién pude parar el domingo a eso de las siete u ocho de la noche. Me volví loca.

Se ve con claridad en el relato de Elena la angustia que le provoca el no tener un plan en el fin de semana, la angustia que le provoca el estar sola.

Sin embargo, esto no es tan claro en el relato de Ismael.

Ismael, 35 años.

Terapeuta —¿Cómo fue el fin de semana?

Paciente —¡Uh! ¡Si te cuento...!

T —Y... contame...

P —¿En serio querés saber? (se ríe)

T —Yo sí. Vos ¿querés saber?

P —Yo ya lo sé.

T —Bueno, entonces sólo faltaría yo.

P —Lo que pasa es que me re pasé de la raya... literalmente (se ríe)

T —¿Cómo fue?

P —¡Nooo! ¡Se me *re fue* la mano! Pero no sé bien por qué, porque lo tenía bastante controlado el tema de la merca, lo venía manejando bien, pero... ¡Y bueh...! se me escapó la tortuga (se ríe).

T —Contame cómo fue

P —Sí. ¿Viste que venimos hablando y hablando hace un montón de tiempo de la cocaína? Y yo entiendo. Y me parece que mejoré. Pero el otro día fui con mi novia a un bar y estuvimos tomando algo y no sé cómo tomé un poco de coca y ya después no pude parar.

T —¿Así, de la nada?

P —Sí, así no más. Dije que no iba a tomar, pero tomé. Y ahí se acabó.

T —¿Pasó algo en el bar?

P —No, nada de nada. Estábamos hablando con mi novia, había gente bailando y todo, un poco también bailamos nosotros, pero nada.

T —¿Algún detalle que no te acuerdes o que no te parezca importante? ¿O alguna idea de por qué tomaste? Es cierto, hacía un tiempo que estabas bastante más ordenado con este tema.

P —Sí. No, creo que nada, estuvimos bailando... Bueno, en realidad había un tipo y yo vi que María lo miró un par de veces.

T —Lo miró... ¿cómo?

P —Y... vos sabés a qué me refiero. Le miró... le miró la pija.

T —¿Y cómo sabés?

P —Y bueno, porque sé dónde está la pija (se ríe).

T —Sí, me imagino que sabés. Pero ¿cómo sabés que ella también miró?

P —Porque yo la estaba mirando. Ya la conozco. El tipo era grandote, muy trabajado, muy de gimnasio, yo ya sé que María se calienta con eso. Y además tenía un jean muy ajustado, se le marcaba todo.

T —O sea que vos también se la miraste.

P —Y bueno, cuando vi cómo se estaba poniendo María me dije "Ésta se calentó con alguien" y tal cual. El tipo era tal cuál como a ella le calientan.

T —¿Y vos?

P —Yo ¿qué?

T —¿Vos cómo sos? ¿Sos de los tipos que la calientan a María?

P —(Se ríe) Bueno, yo tengo mucha onda.

T —¿Qué querés decir?

P —Que bueno... soy simpático, soy entrador, no soy nada feo. No te digo que tengo el lomo que tenía este tipo, pero... seguro que la tiene grande pero es un forro.

T —¿Y eso cómo lo sabemos?

P —Porque siempre es así ¿no? El que la tiene grande es un forro y nosotros somos los que verdaderamente sabemos cómo es la cosa.

T —Sí, puede ser. Pero la cosa es que parece que tu novia se calentó con el tipo que parece que la tiene grande.

P —(Sonríe, se queda callado) La puta que te parió (ríe).

T —(Ríe). Sí, gracias. Parece que ella se calentó con el tipo que parece que la tiene grande. Y que, después de eso, vos empezaste a consumir.

Como puede verse, a veces el motivo actual de la angustia es claro y evidente, como en el caso de Elena, pero muchas otras veces no se ve, no aparece o pasa tan rápido o está tan cotidianizado, que el mismo sujeto casi no se da cuenta, como en el caso de Ismael.

Sin embargo, si hay adicción hay angustia. Y nos toca a nosotros, los terapeutas, intentar descubrir qué angustia al paciente.

Sin embargo ¿qué es lo que verdaderamente angustia al paciente?

Evidentemente lo que angustia al paciente (o a nosotros mismos justo antes de nuestro movimiento hacia la sustancia adictiva) no es aquello que está ocurriendo aquí y ahora. O, al menos, casi nunca es eso. O no es sólo eso.

Sino que esta escena actual (la soledad de Elena y la comparación minimizadora en Ismael) es una Escena

Copia de Escenas Matrices correspondientes a la infancia del sujeto.

Estamos, como es evidente, en el mismo esquema de todo cuadro psicopatológico y, en definitiva, de toda Escena Copia.

Una Escena Copia que, como todas, se lleva a cabo en dos universos simultáneos: El universo Interpersonal y el Intrapersonal.

Así, en el Interpersonal, Elena se encuentra sola un viernes a la tarde sin tener planes para el fin de semana; como puede verse esto prácticamente no tiene carga ni conflicto. Sin embargo, veamos qué ocurrió en el interior de Elena cuando se encontró en esta situación.

Terapeuta —Permitime que regrese un momento al viernes, Elena. Me gustaría preguntarte ¿Cuál era el problema de estar el viernes y, eventualmente, también el sábado y el domingo sin un plan definido?

Paciente —No lo soporto.

T —¿Por qué?

P —No lo sé, pero no lo aguanto.

T —Pensemos un poco ¿Qué pensaste o que solés pensar cuando te encontrás en esa situación?

P —(Piensa) Creo que nadie me quiere.

Como puede verse no es la soledad la que angustia a Elena. Sino que, en el momento de Soledad, ella cree que nadie la quiere. O, mejor dicho, el Crítico/Guía le dice al Ejecutante que nadie lo quiere.

Evidentemente este Crítico/Guía es la voz introyectada del Padre/Madre Malo y el Ejecutante es la introyección de la Nena que Elena fue.

Algo similar podemos encontrar en Ismael. Allí, la Escena Copia se da con su pareja mirando al hombre que estaba en el bar. Sin embargo, esto tampoco sería un verdadero problema si una parte de Ismael no hubiera pensado que este hombre era, digámoslo así, "más hombre" que él mismo para su novia. Por supuesto encontramos en Ismael todo un mecanismo de defensa que tiene que ver con el chiste, la desconexión de la angustia, la risa y otros mecanismos similares. Pero es evidente que la situación en la que él siente que el hombre que está en el bar excita más a su novia que él mismo lo angustia. De la misma manera, él siente esto porque hay una voz interna, el Crítico/Guía, que no sólo asegura que su novia se excita con este hombre porque aparentemente está más dotado físicamente que él (aunque no aparece en el relato de Ismael que la novia dijera que esto la excitara) sino que esta voz, de una u otra manera, también asegura que esto es una falla de Ismael o, mejor dicho, del Ejecutante de Ismael. Es tema de todo el proceso terapéutico indagar acerca de la enorme cantidad de escenas y micro-escenas matrices en las que Ismael fue "culpado" de no estar lo suficientemente dotado, tanto en lo físico como en otra enorme gama de rasgos y características y que, como consecuencia de esta "falta", había alguien que prefería a otro.

En este sentido, como puede observarse, la Adicción tiene un esquema similar a cualquiera de los Cuadros Psicopatológicos que hemos visto:

Un Ejecutante que es agredido o abandonado de alguna manera por un Crítico/Guía, escena que es una Escena Copia de diferentes Escenas Matrices de un sujeto.

En este sentido, este Ejecutante agredido o abandonado está deprimido justo por la agresión o abandono del Crítico/Guía.

Lo mismo hemos observado en el resto de los cuadros psicopatológicos por los que hemos transitado y es, justo por eso que decimos que, en el fondo todo cuadro psicopatológico es, en definitiva, una depresión.

Entendido este punto, es recién ahora cuando podemos decir que lo que diferencia un cuadro de otro es la manera en la que el sujeto intenta salir de esta depresión. Y es aquí cuando aparece el Padre/Madre Bueno, es decir que es aquí cuando en su repetición de las Escenas Matrices en forma de Escenas Copia el sujeto se comporta exactamente igual o de manera similar a como lo hacía el Padre/Madre Bueno perpetuando lo no saludable en su vida.

En el caso de la Adicción la manera en la que el Padre/Madre Bueno se comporta es instando al Ejecutante a que tenga un movimiento adictivo hacia una sustancia, conducta o persona. Es decir que lo insta a anestesiar la angustia provocada por el Crítico/Guía con una sustancia adictiva que, es claro, debe tener una intensidad más alta que aquel Crítico/Guía cuya agresión o abandono intenta anestesiar.

Como puede verse se trata de un mecanismo similar a otros que ya hemos visto. Así, por ejemplo, en el Trastorno Bipolar, el Padre/Madre Bueno insta al Ejecutante a ir hacia el otro polo de su sentir buscando siempre más y más intensidad en la alegría. En el Trastorno Obsesivo Compulsivo lo insta a llevar a cabo conductas compulsivas para impedir que suceda lo que el Crítico/Guía asegura que sucederá. En el Trastorno de la Personalidad por Evitación lo insta a no vincularse para evitar aquello que, si bien seguro no sucedería, el Crítico/Guía asegura que sucederá.

Podríamos mencionar de esta manera casi todos los trastornos a los que nos hemos referido.

En la Adicción se da lo mismo sólo que con algunas particularidades que, si bien podemos encontrar en otros cuadros, son características centrales de la Adicción.

Una de ellas es que la sustancia adictiva funciona a manera de anestesia. Es decir que, cuando el Ejecutante toma contacto con la sustancia adictiva, deja de sentir la angustia provocada por el Crítico/Guía de la misma manera que el diente deja de doler cuando el odontólogo inyecta la anestesia local.

Esta anestesia se da de manera inmediata e instantánea.

En este sentido, y al actuar a la manera de anestesia, la sustancia adictiva debe tener un alto grado de intensidad y, además, las dosis deben ir aumentando a lo largo del tiempo.

Otra característica es que, luego del efecto de anestesia, el sujeto suele entrar en una etapa de mayor angustia que la que experimentaba antes del consumo. Y, a lo largo del tiempo esta etapa es también mayor.

Esto origina un movimiento interno complejo y de suma importancia, y es el siguiente.

Como hemos visto, el Crítico/Guía angustia al Ejecutante agrediéndolo o abandonándolo y, para anestesiar esta angustia el Sujeto, identificado en su totalidad con el Padre/Madre Bueno insta al Ejecutante a consumir. El Ejecutante, frágil como todo niño y angustiado, no puede dejar de consumir tal como lo insta el Padre/Madre Bueno. La sustancia adictiva hace efecto y el Ejecutante durante un tiempo tiene anestesiada la angustia. Sin embargo, el efecto de la anestesia pasa y el Ejecutante vuelve a contactar con la angustia anterior.

Sin embargo, muchas veces aquí pasa algo que no se da en otros cuadros y es que este Ejecutante ahora es culpado por el Crítico/Guía por haber consumido. Es decir que el Crítico/Guía angustiador culpa al Ejecutante por intentar anestesiar la angustia causada por él mismo (por el Crítico/Guía).

Así, ni el Padre/Madre Bueno se enfrenta al Padre/Madre Malo (el Crítico/Guía) ni el Padre/Madre Malo se enfrenta al Bueno, sino que ambos se dirigen al Ejecutante; uno para agredirlo, el otro para volverlo adicto y, al final, el primero para culparlo porque se ha vuelto adicto.

La tercera característica que me gustaría mencionar es que, en la Adicción, muchas veces (no siempre de manera directa pero casi siempre en última instancia) la sustancia adictiva elegida por el sujeto se encuentra ya presente en la familia de origen. Así, si mi padre fue alcohólico mi tendencia es hacia el alcohol, si fue jugador mi tendencia es hacia el juego, etcétera.

Por supuesto hay otras veces en las que esto no es así, pero incluso en estas otras veces, si bien quizá la sustancia adictiva no se encuentra ya en la familia de origen, sí se encuentra el movimiento adictivo, aunque la sustancia fuera otra. De esta manera, quizá soy alcohólico y en mi familia de origen no había adicción al alcohol, pero había otros tipos de adicciones.

Es por ello por lo que decimos que, en la Adicción, el Sujeto intenta salir de la angustia provocada por los padres volviendo a los padres. Así, el Ejecutante (Nene/a) intenta salir de la angustia que le provoca el Crítico/Guía (Padre/Madre Malo) a partir de un movimiento adictivo instado por el Padre/Madre Bueno y luego, además, suele ser culpado por este movimiento por el Crítico/Guía (Padre/Madre Malo).

Como puede verse, la escena de la adicción es una repetición de la Escena familiar.

La profundidad de la Adicción

Todo lo que hemos visto nos permite ver a la Adicción como un cuadro psicopatológico más, con sus particularidades, pero, a la vez, con un esquema similar a los otros cuadros.

Sin embargo, existe en la adicción un plus. Un plus que no lo hace más importante o grave que el resto de los cuadros pero que le da un color particular y propio.

Este plus tiene que ver con que la Adicción se enquista en el sujeto de una forma tal que complejiza su sanación. Así, a la manera de las garrapatas que no sólo se adhieren al cuerpo, sino que se enganchan en él ingresando y disolviendo los límites entre cuerpo y garrapata, la Adicción se adhiere al ser del sujeto, tomándolo desde una zona profunda, oscura y a la vez conocida y familiar.

Es así como la lenta disolución de la Adicción en la vida de un sujeto constituye un trabajo profundo y hondo que se da sólo en el tiempo. Porque la Adicción no sólo es anestesia sino también provoca una sensación egosintónica, provoca una tendencia y dependencia fisiológica, una falta básica en el momento de la abstinencia y, fundamentalmente, una identidad del sujeto.

Porque la adicción devuelve al sujeto a algo de la casa infantil. Y no sólo a algo de la casa infantil sino a la zona oscura, pegajosa, sucia de la casa infantil. A aquella zona de mayor pegajosidad de la relación con los padres o al menos con uno de ellos.

Por ello toda Adicción, toda sustancia adictiva tiene algo de sucio, algo de olor, algo de pegajoso.

Por eso el sujeto retorna a estadios básicos de su existencia, cuando sólo era cuerpo, cuerpo en la relación con la madre. Cuando no había palabra.

Allí se da algo de desgarro en la sanación de la Adicción. Porque a medida que el sujeto va sanando también siente que pierde algo propio, algo de sí mismo. Como una identidad que se pierde. Como una intensidad que ya no estará en su vida. La intensidad que sólo puede dar la intensidad materna/paterna (aunque la materna un punto más).

El duelo por dejar la sustancia es similar al duelo por crecer, porque la infancia terminó, porque ya no hay padres. Porque la sustancia son los padres.

O, mejor dicho, la sustancia es para salvarse de los padres, volviendo a los padres.

Parte IV

Capítulo VI
Abuso sexual infantil con seducción y cronificado (ASISC)

La situación propia de todas las Escenas Matrices no saludables, de todos los Cuadros Psicopatológicos

A continuación, nos referiremos a una situación. Esta situación no es un cuadro ni un trastorno psicopatológico. Tampoco es una escena.

Es una situación que, cuando se da, se da en la vida de un sujeto durante un tiempo determinado.

Por supuesto no se da en todas las personas.

Sin embargo, nos referiremos a ella porque se pueden observar en ella todos los elementos que, de una u otra manera se encuentran en todas las Escenas Matrices no saludables que luego, si se profundizan y no son atendidas y sanadas se transforman en cuadros psicopatológicos.

La situación es: *Abuso Sexual Infantil con Seducción y Cronificado.*

El Abuso Sexual Infantil con Seducción y Cronificado (ASISC) es una situación en la que se ve de manera honda y nuclear todas las características fundamentales que encontramos en toda Escena Matriz no saludable.

Como decimos, no se trata, por supuesto, de un episodio ni tampoco de un trastorno, sino de una situación. Una situación que sume al Nene/a en un laberinto sin salida, un laberinto que lo envuelve y cuya telaraña lo enreda y lo retiene mucho después que el Abuso haya finalizado.

Es por ello por lo que, a continuación, vamos a ahondar en esta situación con la intención de conocer al menos en un punto más, esta vivencia por demás devastadora en el psiquismo infantil.

¿Para qué necesitamos conocer esta vivencia? Para contactar. Y para experimentar aquello que también en cada uno ha sucedido, haya o no sido víctima del ASISC, en cada una de las Escenas Matrices no saludables de su vida.

Conocer para contactar

Contactar para acercarnos al otro

Acercarnos al otro para darnos cuenta de que somos hermanos

Darnos cuenta de que somos hermanos para acercarnos a nosotros mismos

Acercarnos a nosotros mismos para contactar con nosotros mismos

Contactar con nosotros mismos para darnos cuenta de que somos hermanos

Darnos cuenta de que somos hermanos para acercarnos al otro

Acercarnos al otro para contactar

¿A qué nos referimos cuando hablamos de Abuso Sexual Infantil con Seducción y Cronificado?

El ASISC es un tipo particular de Abuso Sexual Infantil en el cual la Seducción y lo Cronificado ahondan de manera exponencial la herida matriz y dificultan sensiblemente la sanación de ésta cuando el Nene/a pasa a ser biológicamente adulto y se dispone a un trabajo de sanación.

Para introducirnos en el ASISC definiremos a continuación cada uno de los términos que lo componen.

El Abuso

Llamamos Abuso a la utilización objetal de un Niño/a por parte de una persona Adulta[32]. Es decir, se da el Abuso cuando el abusado es tratado por el abusador como un objeto y es utilizado por éste para llevar a cabo algún acto que lo beneficie de alguna manera.

El Abuso Sexual

Como puede verse, el Abuso Sexual es ya una especificación del Abuso. Es decir, en el Abuso Sexual el abusado es tratado por el abusador como un objeto sexual y es utilizado por este para conseguir placer sexual.

---

[32] También existe el abuso de un adulto hacia otro adulto, pero las condiciones para que éste se dé, deben ser especiales. Como no es tarea de este libro entrar en ese tipo particular y especial de abuso sólo consideraremos el abuso como el que se da de un Adulto hacia un niño/a.

El Abuso Sexual Infantil

El Abuso Sexual Infantil nos habla de la existencia de una Nene/a en el lugar del abusado. Pero no sólo eso, también nos habla de la existencia de un adulto biológico en el lugar del abusador.

Así, en el Abuso Sexual Infantil el Nene/a queda instalado en el lugar de objeto que el Adulto utilizará para conseguir placer sexual.

El Abuso Sexual Infantil con Seducción

El Abuso Sexual Infantil con Seducción implica que, para que se lleve a cabo el abuso, el Adulto seduce al Nene/a con el fin de que éste quede instalado en el lugar de objeto que el Adulto utilizará para conseguir placer sexual.

Aquí la palabra *seducción* alude a que el Nene/a crea desde el consciente que él también quiere estar en esa situación sexual.

Como veremos más adelante, a mayor seducción mayor es la herida.

El Abuso Sexual Infantil con Seducción y Cronificado

Por último, el Abuso Sexual Infantil con Seducción y Cronificado nos permite saber que esta seducción del Nene/a por parte del Adulto con el fin de que aquel quede instalado en el lugar de objeto que este utilizará para conseguir placer sexual se da durante un período más o menos extenso de tiempo.

Como veremos más adelante, a mayor extensión de tiempo mayor es la herida.

La vivencia honda y abismal del Abuso Sexual Infantil con Seducción y Cronificado

El Abuso Sexual Infantil

Cuando el Abusador es el Padre/Madre.

En este caso, el Nene/a es tomado por el Padre/Madre y es ubicado en el lugar de objeto, lo que ya de por sí constituye una herida honda en su psiquismo.

Honda porque, en un registro mucho más profundo que su conciencia, el Nene/a no puede comprender cómo puede ser que no sea una persona. Él sabe que él es una persona, trae consigo esta comprensión más o menos inconsciente. Sin embargo, su Padre/Madre lo ubica en un lugar de objeto.

Y este es el primer impacto

¿Soy una persona o soy una cosa del otro?
Es la pregunta sin voz que comienza a gestarse en él.

Estoy seguro de que soy una persona. Sin embargo, mi Padre/Madre me trata como una cosa suya

¿Cómo hago para seguir siendo una persona si mi Padre/Madre me trata como una cosa suya? Él no puede estar equivocado. SI lo estuviera yo sabría más que Él en este punto y entonces ya no tendría Padre/Madre en este punto.

Y, además, si yo tuviera razón ¿Qué puedo hacer con él si sigue utilizándome como objeto? Evidentemente no puedo salir de esta situación si mi Padre/Madre no deja de tratarme como un objeto. Si no puedo salir, sería tan doloroso que no podría soportarlo. Quizá, entonces, el considerar que soy una persona sería aún más doloroso que aceptar que soy un objeto.

Esta es la conciencia (no consciente) silenciosa que se va armando en el Niño/a. La conciencia objetal. Si mi Padre/Madre me ubica en el lugar de un objeto, eso soy. Así como me ha dado un nombre me ha dado un lugar. Y este es mi nombre y mi lugar.

Ahora bien, si el Padre/Madre utilizara al Nene/a como objeto, como por ejemplo un lugar para apoyar los pies cuando mira la televisión o como una persona a la cual se le asignan tareas como por ejemplo obligarlo a hacer las compras los sábados o lavar la ropa, la herida también se daría de una manera relativamente menor.

Sin embargo, cuando hablamos de ASISC, el Nene/a no sólo es tomado como objeto. sino que, además, es tomado como un objeto sexual, lo cual lo compromete a nivel psíquico de una manera y a una profundidad en extremo honda.

Y esto es así porque en la sexualidad se juega uno de los ámbitos que más constituyen el psiquismo del sujeto: La intimidad.

La intimidad, al igual que la identidad son dos de los ámbitos más constitutivos del psiquismo. Y en el Abuso Sexual la intimidad está invadida y arrollada por aquel que debería ayudar a constituirla. Y esta intimidad, invadida y arrollada no está invadida y arrollada a través de la palabra, como ocurre cuando, por ejemplo, un Padre/Madre insulta o desvaloriza a su hijo, sino que está invadida y arrollada a nivel físico, violando así el límite más obvio y evidente que una persona trae consigo: el cuerpo.

Cuando el cuerpo no es tomado en cuenta como límite por los Padres, el Nene/a aprenderá que su cuerpo no es de él y, en consecuencia, en otras situaciones, que el cuerpo del otro tampoco es del otro.

Así, si mi cuerpo no es mío, quien lo desee puede entrar en él. Por lo tanto, mi propio espacio vital queda reducido de manera extrema.

Además, el cuerpo es utilizado de manera sexual

Y entonces no sólo mi cuerpo no es mío, sino que es del otro y que, además, sirve para darle placer al otro.

Hasta aquí, el abismo de ser para otro.

Hasta aquí, lo inconcebible de ser un recipiente, una cosa que el otro utiliza.

Hasta aquí, el ser una cosa que, quien debería constituirme como persona, utiliza como objeto para su placer.

Hasta aquí, el abismo.

Sin embargo, aún falta un pliegue más en el entramado del tejido abismal: La Seducción.

La Seducción

Cuando en el Abuso Sexual Infantil se suma la Seducción entramos en un terreno laberíntico de profundas consecuencias psíquicas para el Niño/a abusado.

¿Por qué? Porque en la Seducción el Padre/Madre abusador toca los botones necesarios (físicos, psíquicos, emocionales, vinculares) para que el Niño/a experimente placer de diferentes maneras y en diferentes sentidos.

Así, cuando el Padre/Madre abusador hace sentir al Niño/a abusado como especial, más querido, más valioso, le hace experimentar placer físico, sexual y genital, encadena al Niño/a con una soga invisible que lo aprisiona incluso más allá de la infancia y de su presencia.

Así, el Niño/a abusado queda adherido a las escenas de abuso sexual y pega a estas escenas una serie de sensaciones, emociones y vivencias placenteras para él, lo que hace que el proceso de sanación de estas escenas y de estas heridas sea en extremo más complejo.

Como el Niño/a, en su vivencia infantil se encuentra en una escena en la que su Padre/Madre lo ubica en un lugar especial, le hace sentir que es en ese lugar en el que es el hijo querido y experimenta placer físico y, muchas veces sexual/genital; toda la vivencia infantil es placentera, al menos en el nivel más perceptible para el Niño/a. Toda la vivencia es egosintónica.

Y, entonces ¿cómo hacer para salir de allí? O, más aún ¿por qué habría que salir de allí?

¿Por qué salir de una situación en la que mi experiencia me muestra que soy querido, valorado en especial, bien mirado por mi Padre/Madre y en la que, además, experimento placer físico y hasta sexual/genital?

¿Cómo hacer, cuando el Niño/a ya adulto viene a nuestro consultorio, para ayudarlo a darse cuenta de que aquella situación que recuerda con tanto placer de todo tipo fue, en realidad, un abuso? Y, más aún ¿cómo ayudarlo a contactar con la sensación de estar siendo abusado que se encuentra alojada en lo más profundo del sótano inexplorado y oscuro de su psiquismo y que, aunque no sepa por qué es la que lo impulsa hoy a volver a ubicarse una y otra vez en el lugar de objeto en sus relaciones con otros y, es muy probable, a ubicar a otros en el lugar de su propio objeto, tal y como han hecho con él?

¿Cómo ayudar a nuestro paciente a llorar por aquello que hoy recuerda con aquella excitación que sólo es provocada por la luz enceguecedora de la mirada de los Padres?

Lo Cronificado

El último concepto que aparece en el ASISC es la cronificación. Como es fácil comprender, cuando hablamos de cronificación nos referimos a que esto que hemos descripto antes no se da de manera ocasional o excepcional, sino repetitiva y periódica.

Sin embargo, esto no es lo único; porque la cronificación no es sólo la repetición de una situación sino la inclusión de esta situación la vida cotidiana de un sujeto. Es decir, no se sólo trata de un Niño/a abusado de manera reiterada, sino que se trata de un Niño/a en cuya realidad está instalado el abuso como una situación más, así como el ir a la escuela, el bañarse, el comer, el vestirse, etcétera.

Es decir que el abuso va a constituirse como una situación cotidiana en la vida de este Niño/a, lo cual contribuirá de modo decisivo a la dificultad para desarmarlo como situación cotidiana en la vida adulta.

Así, como toda situación propia de la infancia (más allá de que esta sea placentera o no), en el psiquismo del Niño/a y, más adelante, del adulto, el abuso formará parte de su "casa", de su identidad, de su manera de ser y de estar en el mundo. Y, en este sentido, el dejar de tener esta situación en la vida cotidiana constituirá para el sujeto también un cambio de "casa", de identidad y de manera de ser; y no sólo un mero cambio de conducta.

De esta manera, cuando un Niño/a sufre un Abuso Sexual Infantil con Seducción y Cronificado aprende de manera lenta pero inexorable que él es un objeto cuya función es satisfacer sexualmente a un otro y que este ser objeto para satisfacer a otro le provoca a él, además, un tipo de placer intenso y particular y que esto forma parte de la vida cotidiana.

¿Por qué es tan importante para nuestra Mirada de las Escenas Matrices la comprensión profunda y el asomarnos al abismo ciego y oscuro del Abuso Sexual Infantil, con Seducción y Cronificado?

Porque en él se encuentran de manera nuclear todos los componentes que podemos encontrar en todas las Escenas Matrices no saludables. Como en ese cuento de Borges El Aleph[33], en el que el protagonista se da cuenta que, si mira un punto de un sótano, desde un ángulo en particular, consigue ver todo el universo a la vez; así, en el ASISC encontramos todo lo que, luego,

---

[33] BORGES, Jorge L. (1949) *El Aleph*. Ed. Losada, Buenos Aires

encontramos en todas las Escenas Matrices, tanto propias como de nuestros pacientes.

Veamos algunos de estos núcleos.

Algunas características del Abuso Sexual Infantil con Seducción y Cronificado que se encuentran de manera nuclearen todas las Escenas Matrices no saludables

El Nene/a como un cumplidor del deseo del Padre/Madre

¿Por qué un sujeto adulto deja de dirigirse hacia su propio deseo o necesidad y se dirige hacia algo no saludable para sí mismo?

¿Cómo puede explicarse este movimiento que de manera evidente enferma al sujeto?

¿Tiene acaso algo en sí mismo que atenta contra sí mismo?

¿Tiene un impulso autodestructivo o un boicoteador interno?

Desde nuestra mirada humanística esto no es así.

De ninguna manera el sujeto tiene en su interior algo que atente en contra del sujeto mismo.

Un sujeto adulto, desde lo biológico, deja de dirigirse hacia su propio deseo o necesidad y se dirige hacia algo no saludable para sí mismo porque se dirige hacia un deseo (consciente o inconsciente) de su Padre o Madre y que hoy se encuentra introyectado en el mismo sujeto adulto en forma de Crítico/Guía.

Esto se encuentra en todas las Escenas Copia que hoy se arman en el sujeto adulto y que, por supuesto, son copia de Escenas Matrices de la infancia no sanadas aún.

Es el único motivo, la única razón por la cual un sujeto adulto lleva a cabo movimientos que no son saludables para sí mismo en su vida cotidiana: Porque, aunque ya sea un adulto biológico, no es aún (en ese punto) un adulto psíquico/emocional y; por lo tanto, prefiere/elige/prioriza a los padres por sobre sí mismo. O, para decirlo de otra manera: Prefiere/elige/prioriza a los padres por sobre el Nene/a que tiene en su interior y esto es así porque no sabe que tiene un Nene/a en su interior, sino que él mismo se percibe como un Nene/a y, en tanto Nene/a cumple el deseo de su Padre/Madre.

Así, en este punto, aunque se trate de un sujeto adulto en lo biológico, su identidad psíquica es aún la de un Niño/a, al menos en el punto en el que se dirige hacia algo no saludable para él.

Como ya hemos visto, esto se observa en toda su dimensión en el ASISC, ya que allí el Nene/a no sólo hace algo no saludable para sí mismo sólo porque el Padre/Madre lo desea[34] sino que el Nene/a *es* todo él un

[34] En realidad, no es verdad que el Padre/Madre lo "desea" ya que un Padre/Madre que ubica a su hijo/a en situación de objeto también, de una u otra manera, decide —ya sea consciente o inconsciente— reproducir Escenas Copia de las Escenas Matrices propias no sanadas. Sin embargo, y a partir de los fines terapéuticos (ya que lo que más nos importa, desde la Mirada de las Escenas Matrices es ayudar), no nos interesa en este punto qué es lo que hace que el Padre/Madre abusador se comporte de esta manera sino sólo la vivencia del Niño/a y la posterior sanación de éste a partir de los movimientos que este Niño/a, una vez hecho adulto, pueda hacer. (*N. del A.*)

objeto hecho a imagen y semejanza del deseo perverso del Padre/Madre.

Es en este sentido en el que el Nene/a deja de ser un sujeto y se transforma en un objeto que el Padre/Madre utiliza para proveerse de placer sexual.

Sin embargo ¿esto no pasa también de otras maneras quizá menos nucleares, pero no menos importantes en todas las Escenas Matrices no saludables?

Lorena, cincuenta y un años, médica exitosa (Con serios problemas para trabajar menos de doce horas por día, hasta el punto de sólo poder tener su sesión los sábados por la mañana siempre y cuando no tuviera un curso de perfeccionamiento). Me cuenta.

Paciente —No puedo parar de trabajar. Me gusta mi trabajo, pero no puedo parar. Casi no veo a mi marido, veo muy poco a mi hija. Me da culpa y me parece mal pero no puedo parar.

Terapeuta —¿Cómo es esto del trabajo? ¿Desde cuándo trabajás?

P —Desde los dieciséis años.

T —Ah ¿sí? ¿Por qué?

P —Bueno, mi papá se quedó de golpe sin trabajo y había que mantener a la familia.

T —¿Y tu mamá no trabajaba?

P —Sí, pero no alcanzaba. Y éramos cinco hermanos. Yo la mayor.

T —¿Y qué hiciste?

P —Entonces decidí ir a trabajar donde pude. Primero de recepcionista. Como siempre fui rápida y muy ordenada, me fue bien.

T —¿Y cuánto tiempo trabajaste de recepcionista?

P —Como ocho años. Mientras, terminé el secundario y después hice la facultad. Todo me lo pagué yo. Cuando terminé la facultad empecé de a poco a trabajar de lo mío y cuando pude, dejé de trabajar como recepcionista.

T —Es decir que desde los dieciséis años trabajás y nunca paraste.

P —Sí, claro.

T —¿Y tu papá?

P —¿Qué pasa con mi papá?

T —¿No consiguió nunca más trabajo?

P —Ah, sí, consiguió a los dos meses.

T —¿Y por qué seguiste trabajando si él ya había conseguido?

P —(Silencio)... No sé, nunca lo había pensado

Como puede verse, cuando Lorena, a sus dieciséis años decide ir a trabajar, en realidad no lo decide. Cree que lo decide, pero lo que en realidad ocurre es que se encuentra en una dinámica familiar en la que, de forma explícita o implícita, la Nena que Lorena fue es bien mirada/querida/valorada/validada cuando trabaja y, así, mantiene a la familia de forma total o parcial.

El argumento es que el Padre perdió el trabajo, sin embargo, parece evidente que esto cae cuando a los dos meses el Padre de Lorena consigue otro trabajo, pero Lorena continúa trabajando. Por supuesto, Lorena, a sus dieciséis años no puede reflexionar sobre esto porque está inmersa en la dinámica familiar armada por los padres. Sin embargo, cuando a los cincuenta y un años, aún cree que fue a trabajar porque su padre se quedó sin trabajo y no se da cuenta que consiguió trabajo casi de inmediato, pero ella siguió trabajando, Lorena tiene en su identidad aún dieciséis años en este punto —o, en realidad, mucho menos porque esta dinámica se da desde siempre más allá que a los dieciséis años sea cuando comienza a trabajar—, aunque tenga cincuenta y uno.

Como tiene dieciséis años en este punto continúa obedeciendo los mismos parámetros que a sus dieciséis y así, como a sus dieciséis era bien mirada /querida/ valorada / validada cuando trabajaba de más —entendiendo que una adolescente de dieciséis años no tiene por qué trabajar—, entonces se sigue sintiendo bien mirada / querida / valorada / validada cuando hoy mismo trabaja de más. O, dicho de otra manera, la Ejecutante de Lorena es bien mirada/querida/valorada/validada por el Crítico/Guía de Lorena que es, obviamente, la introyección de su Padre/Madre. Así, Lorena no puede dejar de trabajar, aunque se da cuenta de las consecuencias que esta relación con el trabajo tiene en su vida.

Así, como fue bien mirada/querida/valorada/validada al ser la cumplidora del deseo paterno —y también materno, por supuesto—; ahora, a sus cincuenta y un años sigue repitiendo el esquema en forma de Escenas Copia.

Como puede verse, al igual que en el ASISC Lorena fue ubicada en un lugar de cumplidora del deseo de los Padres en este punto. No como cumplidora del deseo sexual en este caso, pero sí como cumplidora del deseo económico, de sostenimiento de la economía familiar, de ayuda, etcétera. Al no poder verlo desde la adulta que es, Lorena no puede menos que repetir esta modalidad con las consecuencias que esto tiene hoy en su vida: Casi no ve a su pareja, a su hija y muchas otras (poco tiempo y energía para descansar, hacer otra actividad, e incluso sostener su espacio terapéutico, entre otras). Por supuesto, estas consecuencias ya las sufrió, de diferentes maneras, en su adolescencia, aunque Lorena no pueda verlas aún.

El Padre/Madre Malo y el Padre/Madre Bueno

Para que haya un Padre/Madre abusador tiene que haber un Padre/Madre que posibilite ese abuso.

Como sabemos y como hemos visto en otras publicaciones[35], desde la Mirada de las Escenas Matrices, estos padres son mencionados como Padre/Madre Malo (el abusador) y como Padre/Madre Bueno (el que posibilita el abuso). Como también sabemos, estos nombres, "Bueno" y "Malo" no hacen alusión a la bondad o maldad de los padres sino a cómo el sujeto suele percibirlos siendo niño o, muchas veces, siendo ya adulto biológico, aunque no adulto en el sentido psicológico estructural del término.

[35] WEINTRAUB, Mauricio (2022) *Sanando al niño que fui*. Ed. El Aleph, Buenos Aires.

Sin embargo, más allá de cómo son percibidos, la realidad es que, ya sea de modo consciente o inconsciente, ambos padres constituyen un equipo, una sociedad en donde ambos "ganan" (así, con comillas) y el Nene/a es el único que pierde.

Así, en el ASISC el Padre/Madre abusador es que "gana" porque consigue satisfacción sexual y el Padre/Madre que posibilita "gana" porque consigue, quizá no tener un conflicto con su pareja, no tener relaciones sexuales que no desea tener, sostén económico, entre muchas otras posibilidades.

Por supuesto, en general esto no está dicho ni consensuado; lo que no quiere decir que no ocurra.

Como hemos dicho en el ASISC se ven de manera nuclear una gran cantidad de elementos que se observan también en el resto de Escenas Matrices. O, para decirlo de otra manera, todos los elementos que encontramos en las Escenas Matrices, podemos encontrarlos de manera nuclear en el ASISC.

Esta "sociedad" entre el Padre/Madre Malo y el Padre/Madre Bueno, en el que ambos "ganan" y el Nene/a es el único que pierde, es uno de ellos.

Porque, en realidad, en cualquier Escena Matriz se da este esquema. Porque en cualquier Escena Matriz hace falta un posibilitador para que haya un agresor o un abandonador.

Por supuesto, en el ASISC esto se da de manera bestial. Pero no sólo en el Padre/Madre Malo que de manera crónica seduce y abusa de su hijo/a sino también se da con la misma bestialidad en el Padre/Madre

Bueno que *no ve* lo que una y otra vez sucede con su hijo y, muchas veces, casi en su presencia. O lo ve y, de una u otra manera, no lo impide.

En el ASISC se ve da manera nuclear, en las otras Escenas Matrices se ve de manera quizá menos inconcebible. Sin embargo, es lo mismo.

Porque para que haya un Padre/Madre que lleve a cabo una acción que daña al hijo/a hace falta un Padre/Madre que posibilite que esta acción se lleve a cabo.

La Intensidad

La intensidad constituye una cuestión central en todas las Escenas Matrices y siempre tiene que ver con un movimiento del Padre/Madre que daña al Nene/a.

Y esto es así porque nada hay más intenso que un Padre/Madre dañando al Nene/a en cualquiera de sus posibilidades: Agrediéndolo o Abandonándolo[36].

Explicar la intensidad constituye una tarea compleja y, por qué no, frustrante, al menos en cierto sentido. ¿Por qué? Porque hay algo en la explicación que siempre queda corto. Como si las palabras no alcanzaran a describir el fenómeno de la intensidad.

Lo primero que hay que comprender cuando hablamos de intensidad es que la intensidad es la sensación que un sujeto tiene en función del grado de acercamiento de un otro fundamental[37] para su bienestar. Así, la

---

[36] WEINTRAUB, M., Ob. Cit.

[37] Cuando hablamos de *fundamental* en este sentido hablamos sólo de el Padre y la Madre para un Niño/a. *(N. del A.)*

intensidad es la resultante de un vínculo, un vínculo entre un sujeto y un otro fundamental para su bienestar.

Claro que este primer *otro* es el Padre/Madre. Es decir, son los padres los fundamentales para el bienestar del hijo y, en realidad, son los únicos fundamentales para el bienestar de un sujeto mientras éste se encuentre en la infancia biológica como etapa evolutiva. Como sabemos, una vez que el sujeto alcanza la adultez biológica ya no hay nadie que, de por sí, sea fundamental para su bienestar.

De esta manera, la intensidad es una cuestión del Padre/Madre en la relación con el Nene/a.

Y aquí aparece, quizá, lo más complejo de comprender. Esto es que, cuando el Padre/Madre se encuentra a una distancia saludable la intensidad es casi cero o, para decirlo de otra manera, la intensidad es la intensidad que propone la Vida; mientras que, si se encuentra demasiado cerca o demasiado lejos en relación con lo que sería saludable, la intensidad aumenta. Así, al aumentar la intensidad, el grado de tensión que experimenta el Nene/a aumenta también.

Como podemos ver, el concepto de *intensidad* está ligado de forma estrecha al concepto de *tensión*. Así, la intensidad se da en el vínculo entre el Padre/Madre y el Nene/a y siempre desde aquel hacia éste. Por su parte la tensión es la sensación que el Nene/a experimenta a partir de la intensidad. A mayor intensidad mayor tensión y a menor intensidad menor tensión.

Ahora bien, como ya sabemos, los dos movimientos no saludables que un Padre/Madre puede llevar a cabo en la relación con el Nene/a son la Agresión y el Abandono[38].

En la Agresión, el Padre/Madre se mueve *hacia* el Nene/a de una manera no saludable o, para decirlo de otra manera, está demasiado cerca. Mientras que, en el Abandono, el Padre/Madre se mueve *en sentido contrario* de donde está el Nene/a de una manera no saludable o, para decirlo de otra manera, está demasiado lejos.

Como puede observarse a partir de esto, parece sencillo entender que, cuando el Padre/Madre agrede al Nene/a la intensidad aumente; sin embargo, no es tan fácil comprender que, cuando el Padre/Madre abandona al Nene/a la tensión también aumenta. Sin embargo, esto es así, porque no estar es una manera de estar ya que cuando el Padre/Madre no está allí donde el Nene/a necesita que esté, este Nene/a no puede dejar de mirar la espalda del Padre/Madre ausente lo cual genera una extraordinaria intensidad en el vínculo con la consecuente tensión en el Nene/a.

Ahora bien, esto no es lo único y, quizá, ni siquiera lo más importante.

Lo fundamental en la cuestión de la intensidad es que lo intenso tiene un efecto similar a la sustancia adictiva. Es decir, cuando el Padre/Madre lleva a cabo acciones de alta intensidad (tanto en el agredir como en el abandonar) el grado de intensidad determinará también el grado en el que el Nene/a necesitará luego esa intensidad.

[38] WEINTRAUB, M., Ob. Cit.

Para poner un ejemplo cotidiano y, creo, de fácil comprensión: Es como poner siempre picante en la comida. Sí, desde siempre en mi cultura alimenticia se pone mucho picante en la comida, luego la comida sin picante me resultará insípida.

Con la intensidad ocurre lo mismo; más allá de lo displacentera que puede ser para el Nene/a la agresión o el abandono sufrido, estos tienen un determinado nivel de intensidad y este Nene/a quedará, digámoslo así, *adicto* a ese nivel de intensidad. Esta *adicción* hará que, siendo ya adulto biológico, si no trabaja para sanar sus escenas matrices seguirá buscando este nivel de intensidad armando de esta manera escenas copia.

Todo este preámbulo acerca de la intensidad ha sido necesario para poder decir que en el ASISC el grado de intensidad que llevan a cabo ambos Padre/Madre es en extremo alto, muy difícil de igualar en cualquier otra escena matriz que un sujeto pueda sufrir. Es extremo.

Y se da en los dos sentidos.

Se da en el sentido de la agresión porque el Padre/Madre Malo entra en todas las zonas del Nene/a abusado, no dejando lugar sin invadir, no sólo en lo físico sino, como hemos visto, también en lo psíquico y emocional. Así, la utilización del Nene/a como objeto de satisfacción sexual hace que la invasión del Padre/Madre no sólo sea en el nivel corporal sino en el nivel de la intimidad y también de la identidad del Nene/a y, en este punto, no sólo en la identidad referida a ser tal o cual persona sino en la referida a no ser ya una persona, sino un objeto de otro.

Ahora bien, el extraordinario alto grado de intensidad no se da sólo en relación con el Padre/Madre Malo sino también en relación con el Padre/Madre Bueno, ya que el nivel de abandono que lleva a cabo este Padre/Madre con relación a no ver lo que le está ocurriendo al Nene/a, lleva a éste al límite de la duda con respecto a su existencia o no, al menos como sujeto.

Así, un Padre/Madre no lo ve como sujeto sino como objeto de satisfacción mientras que el otro Padre/Madre no lo ve como un sujeto que está siendo abusado, con todas las connotaciones que esto tiene.

De esta manera, como puede verse, este Nene/a está expuesto a una altísima intensidad en los dos sentidos.

Ahora bien, como la intensidad funciona como una sustancia adictiva, este Nene/a tenderá luego hacia esa intensidad, de la misma manera que, siguiendo con el ejemplo anterior, quien está acostumbrado a comer con salsa picante tenderá luego a poner picante en todas sus comidas.

Esto complejiza en extremo el proceso de sanación de un sujeto que ha sufrido ASISC, porque para poder sanar tiene que renunciar a algo que no sólo, en un punto ha sido placentero, como ya hemos visto, sino que además lo atrae como sólo lo adictivo atrae. Algo sin lo cual la vida pierde sabor, pierde interés; algo sin lo cual la vida pierde, digámoslo así, vida.

Cuando uno trabaja con personas que han sufrido ASISC observa de qué conmovedora manera la persona tiene que luchar con toda una energía interna que, casi con desesperación, busca aquello que lo ha dañado. Cómo el Nene/a abusado, siendo ahora un adulto biológico se siente atraído/a sin remedio hacia escenas de abuso siendo de manera alterna él/ella el abusado y también, muchas veces, el abusador. Cuando el sujeto va transitando su proceso de crecimiento cada vez más le queda claro que él/ella no desea en realidad estas situaciones en su vida cotidiana, pero hay todo un tiempo en el proceso en que esta comprensión aún no disminuye su tendencia a esa intensidad que sólo el ASISC le dio y entonces es conmovedor ver esa extraordinaria lucha del sujeto por no ir hacia donde todo su ser le dice que vaya.

Esta intensidad, esta atracción cuasi animal sólo puede producirla un Padre/Madre (o dos, en realidad); y esto es así porque el único lugar no saludable al que el sujeto *decide* ir es a su Padre/Madre. Y si Padre/Madre estuvo en el abuso, él/ella irá al abuso hasta que pueda dejar de ser un Niño estructural y pueda habitar el adulto biológico que ya es.

¿Por qué consideramos la cuestión de la intensidad como una cuestión de tanta importancia? Porque esta cuestión se juega en todas las Escenas Matrices, aunque no tengan que ver con el ASISC y, por lo tanto, se juegan también en todas las Escenas Copia de un sujeto biológicamente adulto.

Así, si bien en el ASISC el quantum de intensidad es en especial alto, en el resto de las Escenas Matrices no saludables —y, en consecuencia, en las Escenas Copia—, también se da una intensidad mayor a lo saludable.

Veamos un ejemplo.

Jorge, 44 años, me cuenta.

Paciente —Yo los miércoles y los sábados juego al fútbol. Lo hago con amigos y conocidos, es un torneo *amateur*, por supuesto. Y me pasa algo raro. Que cada vez que hay entrenamiento o partido quiero que llueva.

Terapeuta —¿Por qué? ¿No te gusta jugar?

P —Eso es lo raro, me encanta jugar, pero siempre estoy esperando que llueva para no tener que ir a jugar. Es como que, si llueve, estoy "disculpado" para no ir.

T —También podrías decir que no querés ir.

P —Es que quiero ir. Pero si llueve es mejor, porque así puedo no ir (ríe).

T —¿Y por qué pensás que no querés ir a jugar?

P —Es que quiero ir.

T —Sí, pero también, en un punto al menos, no querés ir. Si no, no querrías que llueva. Quiero decir: Es como si hubiera dos partes: A una de ellas le encanta el fútbol y quiere ir a jugar. Pero a otra, o quizá es a la misma en otro nivel, algo le pasa con el hecho de ir a jugar ¿Tenés idea de por qué no querría ir a jugar al juego que le encanta jugar?

P —Bueno, si lo pienso de esa manera es como que me encanta jugar al fútbol, pero es cierto que cuando estoy jugando tengo que ser el mejor.

T —¿Cómo es eso?

P —Sí, así. Juego de número 10. Y tengo que ser diez puntos. No puedo fallar, tengo que llevar el equipo adelante, soy el más habilidoso y el equipo depende de mí y siento que si fallo les fallo a mis compañeros...

Hasta aquí, la Escena Copia.
Veamos ahora la Escena Matriz

T —Y ¿cómo aprendiste eso? Digo ¿cómo aprendiste que tenías que ser y hacer todo eso cuando ibas a jugar al fútbol? Porque, claro, si jugar al fútbol implica todo eso, ahora empiezo a entender por qué no querés ir. O, mejor dicho, por qué querés y, a la vez, no querés ir.

P —La verdad es que no sé bien. No recuerdo que me hayan exigido demasiado.

T —¿Qué pasaba con el fútbol en tu infancia? ¿Jugabas?

P —Sí, siempre jugué. Y siempre era el mejor o casi siempre.

T —¿Cómo sabías que eras el mejor?

P —Bueno, el técnico lo decía siempre, mis compañeros también y, por supuesto, mi papá no se cansaba de repetirlo.

T —¿Cómo era lo de tu papá?

P —Sí, bueno... yo jugaba los sábados a la mañana y en general a la tarde venía gente a casa. Amigos de mis padres con sus hijos, tíos, familiares, siempre había alguien. Y ahí siempre había un momento en el que mi papá contaba todo lo que yo había hecho a la mañana en la cancha.

T —¿Y cómo lo contaba?

P —Me lo acuerdo sentado y con sus hermanos y amigos y él contando todo lo bien que yo había jugado, con lujo de detalles.

T —Se vanagloriaba delante de sus familiares y amigos, digamos...

P —Sí, bueno, no sé (sonríe). No sé si lo diría así, pero...

T —¿Qué edad tenías, Jorge?

P —Fue durante bastante tiempo, no sé. Digamos, entre los ocho o nueve años y los catorce o quince más o menos, dieciséis quizá.

T —Me imagino cómo te sentirías cuando tu papá contaba los malos partidos.

P —No, no había malos partidos.

T —¿No los contaba?

P —No, no había, yo nunca jugaba mal.

Como puede verse, el hecho de que "nunca jugara mal" (más allá de si es verdad o no) tiene que ver con todo lo que el niño que Jorge fue sabía que pasaría si lo hacía. Y es lógico que ese mismo niño hoy, dentro de Jorge, es el que quiere jugar al fútbol porque le gusta hacerlo, pero también el que quiere que llueva porque así se "salva" de no ser el culpable de la desilusión del padre (hoy introyectado como Crítico/Guía) si es que, al final, jugara mal.

Sin embargo, más allá de ello, lo que nos interesa en este momento es observar el quantum de intensidad que tiene la escena en la que el papá de Jorge cuenta cómo su hijo jugó al fútbol. Si observamos en profundidad este punto nos daremos cuenta de que el movimiento del papá de Jorge es utilizar el partido que su hijo jugó el sábado por la mañana para ser admirado por sus familiares y amigos el sábado por la tarde. En este sentido, y sin adjudicarle intención consciente al padre, Jorge es un objeto a partir del cual el padre obtiene satisfacción, no sexual en este caso, pero satisfacción al fin y no sólo satisfacción al fin, sino una satisfacción que, parece evidente, va más allá de la satisfacción esperable que cualquier padre siente por su hijo cuando éste hace bien algo, sino que se trata de una satisfacción propia (del padre), un vanagloriarse, un "mírenme a mí por esto que hizo mi hijo" que invade un terreno que debería ser exclusivo de Jorge.

Por supuesto, el hijo siente un extraordinario placer —comparable, de alguna manera, al placer sexual del Nene/a que sufre ASISC—, cuando ve a su padre excitado al contarle a sus amigos y familiares las hazañas de su hijo en la cancha. Esta intensidad, este acercamiento en demasía a un espacio que debería ser exclusivo de Jorge, esta invasión del padre a la cancha de fútbol, esta intromisión tiene mucha más intensidad que el fútbol en sí. Y es aquí donde Jorge queda atrapado, fascinado por un quantum energético que lo atrae en extremo y lo enferma en el mismo sentido.

¿Cómo se observa esto en la Escena Copia?

Se observa cuando el Nene que Jorge fue, hoy introyectado como Ejecutante quiere jugar al fútbol porque, es evidente que le gusta ese deporte; pero cada vez que se piensa haciéndolo es invadido por el Padre, hoy introyectado como Crítico/Guía, que le sigue exigiendo ser el mejor o, más aún, le sigue exigiendo que le provoque la misma satisfacción (cuasi sexual) que el papá de Jorge experimentaba cuando utilizaba a su hijo para ser admirado por sus amigos y familiares.

Parece lógico que el trabajo con Jorge será que él pueda entrar a la cancha para jugar al fútbol y no para satisfacer a su padre siendo el mejor o, más aún, para que él pueda, como adulto que es hoy, defender a su Ejecutante de este Crítico/Guía que, con una intensidad inconmensurable, invade el campo de juego de su hijo y lo somete a ser objeto de su propia necesidad de ser admirado.

Como se ve, no se trata aquí de un abuso sexual, pero sí, digámoslo así, de un abuso futbolístico. Así como en el ASISC, el terreno del amor queda invadido por el abuso, en la situación de Jorge el campo de juego quedó invadido por este mismo abuso, ahora en el terreno futbolístico.

El reemplazo del deseo del Nene/a por el "deseo" del Madre/Padre

Relacionado de manera estrecha con el punto anterior, nos referiremos a continuación a una cuestión fundamental del ASISC que vemos de modo permanente en la clínica y, por qué no, en nosotros mismos.

Se trata del reemplazo, sutil pero devastador, que en el ASISC se da del deseo del Nene/a por el deseo del Padre/Madre.

En este sentido, recordemos que, cuando hablamos de ASISC no nos referimos al Abuso Sexual y, ni siquiera, nos referimos al Abuso Sexual Cronificado sino que nos referimos al Abuso Sexual Cronificado y con Seducción mencionando en esta Seducción lo egosintónico de esta situación para el Nene/a.

Así, nos referimos a una situación en la que el Nene/a, al menos en un nivel superficial pero también fundamental, experimenta placer. Como señalamos, además este placer puede ser no sólo físico sino también de otros órdenes mucho más complejos. Y esto es así porque el Nene/a abusado suele ser manipulado para sentirse también como el elegido, el especial, el más querido. Es decir que el abuso se da no sólo en lo sexual sino también en lo emocional, psíquico y vincular.

Ahora bien ¿qué desea un niño que sufre ASISC? Es evidente que no desea ser abusado. Desea, en ese momento, estar haciendo cualquier otra cosa menos ser abusado. Y, fundamental, en la relación con su Padre/Madre abusador, desea ser amado y no abusado.

Y es aquí donde amor y abuso se confunden de manera perturbadora y devastadora.

¿Por qué? Porque en la forma parecen casi lo mismo, pero en lo profundo, en los cimientos del vínculo son lo opuesto. Porque el Padre/Madre abusador confunde al Nene/a, lo confunde para abusarlo, para abusarlo de esta manera, con Seducción. Le muestra una escena casi idéntica al amor, le dice que es amor, lo trata como si fuera amor, lo acaricia como se acaricia en el amor, pero lo abusa. Y entonces, el Nene/a que posee un psiquismo en extremo frágil y en formación aprende, de su Padre/Madre que el amor es el abuso. Es decir, pone una palabra en un significado que no le corresponde o ata un significado a una palabra que no le corresponde.

Y así, deseando y necesitando amor aprende a reemplazar este deseo y a creer que desea abuso; cuando, en realidad, es el Padre/Madre quien "desea"[39] abusarlo.

Vemos como se da aquí el reemplazo del deseo del Nene/a por el "deseo" del Padre/Madre abusador. Primero se lo enseña el Padre/Madre, luego se da de forma directa en el Nene/a.

Ahora bien, esto se da, de diferentes maneras en todas las Escenas Matrices no saludables y, lógico, también en todas las Escenas Copia.

Un ejemplo claro podría ser ya el ejemplo de Jorge. Sin embargo, veamos otro.

Mario, 25 años. Violinista profesional, con mucho éxito y reconocimiento en sus pocos años de experiencia y estable en una importante orquesta argentina.

Paciente —Se viene el concurso.

Terapeuta —¿Qué concurso?

P —El concurso

T —¿Qué concurso?

P —El concurso para tocar como solista de la sinfónica.

T —Ah, sí. Qué bien ¿y qué pasa con eso?

P —Que no puedo ni dormir ni nada.

T —¿Por?

[39] Ver Nota 33.

P —¿Y por qué va a ser? Porque estoy nervioso.

T —Ah. ¿Y por qué estás nervioso?

P —Y, mirá si me va mal.

T —¿Qué quiere decir que te vaya mal?

P —Y, mirá si no gano.

T —(Ríe) Bueno, uno puede ganar o no ganar los concursos.

P —Sí, pero no es gracioso. Imaginate si no gano.

T —¿Qué pasa si no ganás?

P —¿A vos qué te parece que pasa?

T —Me parece que si no ganás, no ganaste.

P —Sí, qué fácil, qué divertido.

T —Y a vos ¿qué te pasa si no ganás?

P —Y bueno, imagínate lo que van a pensar todos si yo no gano.

T —¿Lo que van a pensar todos si vos no ganás? ¿Y qué van a pensar todos?

P —Y bueno, yo ya empiezo a tener un nombre, me presenté a concursos y becas y siempre gané. Si no gano se van a decepcionar, van a empezar a pensar que no sirvo.

T —¿De verdad pensás eso? ¿Quién va a pensarlo por ejemplo?

P —Mi maestra, seguro.

T —¿Cómo lo sabés?

P —Porque ya lo sé, lo veo. Está como obsesionada por el concurso. Me pregunta si me alimento bien, si duermo, si salí o no el fin de semana. Me dice que no me distraiga, lo importante que sería ganar, me cuenta que habla de ello con sus colegas. Que consultó a un vestuarista cómo sería la mejor manera de ir vestido. Imaginate lo que va a pensar si no gano.

Así, agobiado y oscuro, Mario, exitosísimo y prometedor violinista me cuenta su experiencia previa a su concurso.

Como puede verse, la relación que Mario tiene con quien es su Maestra nada tiene que ver con que ésta esté al servicio de su alumno tal como sería lo saludable y deseable[40] sino, al menos en el punto al que Mario se refiere, a un deseo excesivo y no saludable por parte de la Maestra con respecto a la posibilidad de que Mario gane su concurso.

Por supuesto podrá decirse que si alguien se presenta a un concurso es porque desea ganarlo y que no hay nada de malo en que la Maestra de Mario desee que éste gane en su concurso por los evidentes beneficios que esto traería para la carrera de Mario.

Parece evidente que es así.

Sin embargo, lo que observamos aquí no tiene tanto que ver con que este sea o no un deseo válido sino más bien con ¿de quién es el deseo que se está intentando satisfacer aquí? Y, en especial, ¿dónde está el amor y donde el abuso aquí?

Para poder entender esto digamos que, si pensamos de la manera más profunda posible, el deseo básico de todo músico (podría pensarse lo mismo en cualquier otra profesión) tiene que ver con tocar su instrumento

[40] Para más información acerca de este punto ver el capítulo "La relación Alumno-Maestro", en WEINTRAUB, Mauricio (2026) *Música y Emociones*. Ed. El Aleph, Buenos aires.

y expresarse a través de él. Luego, ganar un concurso también es un deseo, pero digámoslo así, de segundo orden.

Ahí, en el tocar su instrumento, en el expresarse, está digámoslo así, el amor. El amor por la música, por el sonido, por el arte.

Sin embargo, aunque Mario ama, cuando toca en su concurso (e incluso cuando piensa en él) no toca porque ama, toca para satisfacer. ¿A sí mismo? Quizá, pero seguro que a su Maestra.

Por supuesto, si Mario siendo ya un adulto intenta satisfacer a su Maestra, es porque esta escena ya es Copia de otras Escenas Matrices.

Veamos cómo continúa nuestra sesión.

Terapeuta —Te consulto, Mario, ¿podés encontrar en tu propia historia alguien que estuviera tan obsesionada u obsesionado con algo relacionado con vos como percibís que está tu maestra ahora?

Paciente —Sí, claro. Mi mamá era así.

T —¿Con qué?

P —Con todo.

T —Tenés un ejemplo.

P —Todo es un ejemplo. Mi mamá no me permitía hacer otra cosa que lo que ella pensaba que había que hacer.

T —Fijate si encontrás alguna situación puntual.

P —Mirá, con decirte que cuando yo tenía doce años, a mí me gustaba una compañera de la escuela y se lo comenté a mi mamá y ella me dijo que hasta que no terminara el secundario no podía tener ni novia ni nada porque era el tiempo de estudiar.

T —¿De estudiar qué?

P —De estudiar violín. Porque esos años eran los que iban a definir mi carrera y entonces no podía distraerme con nada que no sea con el violín.

T —No te lo puedo creer.

P —(Piensa. Baja la mirada) Sí. Era tremendo. Yo no salía los sábados, no tenía amigos, sólo era estudiar violín todo el día.

¿Mario ama la música? Es muy probable que sí.

¿Cuándo toca, toca por amor? Es probable que no.

Todo el vínculo (o al menos, una buena parte) con el violín está puesto al servicio del "deseo" de la mamá, y hoy de su Maestra.

Y es en ese movimiento, del amor a la música a utilizar a la música para satisfacer el "deseo" de la mamá, donde Mario queda, una y otra vez, abusado.

Como señalamos, el ejemplo de Jorge y el de Mario son similares. En ambos hay una altísima intensidad y en ambos aquello que aman (el fútbol en Jorge, la música en Mario) queda tomado, apresado por la obligación de satisfacer el "deseo" de los padres. Un "deseo" (así, con comillas) por completo neurótico, perverso y abusivo que de seguro nos habla también de cómo han sido tratados estos mismos padres en su propia niñez pero que hoy se descarga sobre Jorge y Mario de la misma manera en la que el abusador descarga su "deseo" sexual sobre su víctima, obligándola a satisfacerlo. Dejándola como una mera abastecedora de satisfacción de un "deseo", que sólo le pertenece al victimario.

Este punto, este reemplazo del deseo del sujeto por el "deseo" del Padre/Madre se observa, de una u otra manera, en todas las Escenas Copias que el sujeto arma hoy en su vida cotidiana.

Así, como decimos, en Escenas Matrices, la porción del jardín de mi vida que no florece de una manera saludable para mí está tomada por mis padres, está dedicada a mis padres. Porque en aquella porción en la que no planto aquello que en verdad deseo, planto aquello que mis padres "desean" reeditando de esta manera el ser hijo, el no hacerme cargo de mi adultez, el dedicarles a ellos una parte de mi vida de hoy.

Y así, siendo más hijo de mis padres que padre/madre de ese niño que está dentro de mí, condeno a ese niño (me condeno) a seguir repitiendo una y otra vez la misma escena copia.

Repitiendo una y otra vez mi infancia (o una parte de ella) en mi vida de hoy.

La Cronificación

El último punto al que nos referiremos en este recorrido que vincula al ASISC con todas las Escenas Copia de la vida de un sujeto, es el de la Cronificación.

Porque cuando hablamos de Cronificación del Abuso Sexual con Seducción nos referimos a una cotidianidad que está tomada por este mismo Abuso. Es decir, no se trata de una situación puntual, específica, aleatoria y pasajera. No. Se trata de la vida.

Toda la vida está atada a esta situación. Y esta situación se repite una y otra vez haciéndose cotidiana, apareciendo de una manera inmanejable e irrumpiendo dejando a merced al Nene/a una y otra vez.

Lo mismo ocurre con toda Escena Copia.

Una de las características principales de toda Escena Copia y que nos indica que estamos frente a una Escena Copia de Escenas Matrices de la infancia y no de una situación puntual en la vida del sujeto es, justo, que esta Escena Copia se repite una y otra vez y que el sujeto la vive como si él no pudiera decidir no repetirla. Es decir, al sujeto *se* le repite. Así lo vive él y es, por ello mismo, por lo que es imposible poder modificarla sin ayuda de un otro, en general el terapeuta.

Esta compulsión a la repetición[41] del sujeto, pero que el mismo sujeto vive como externa a sí mismo es de forma exacta lo que un Nene/a abusado vive con respecto a su situación de abuso.

Y aquí también lo complejo. Porque en su polo extremo, aquello que el sujeto repite una y otra vez y que, además, lo hace con una alta dosis de intensidad y sintiendo que tiene que ver con su propio deseo, forma parte también de su propia vida cotidiana. Es decir que, más allá de lo placentero o displacentero, esto constituye la vida del sujeto.

[41] FREUD, Sigmund (1920-1922) *Más allá del principio del placer.* Ed. Amorrortu, Buenos Aires.

No estamos hablando aquí de cambiarnos el pantalón o las zapatillas o modificar el color de las paredes de la sala; estamos hablando de cambiar algo que está instalado hasta tal punto en la vida del sujeto que el sujeto mismo percibe, de alguna manera, como su propia identidad. Una identidad que, como hemos visto, es en especial intensa y que muchas veces está adherida a zonas muy placenteras, tanto física como psíquica y emocionalmente. Pero que, además, constituye su cotidianeidad a partir de la cronificación.

Y es esta cronificación, bajo la forma de la repetición, lo que aparece en todas las Escenas Copias que encontramos en nuestros pacientes.

Y, por supuesto, en nosotros mismos.

Capítulo VII
Al final, lo que está en todo inicio

**El objetivo (inconsciente) de todo movimiento
perverso de los padres**

Estamos llegando al final del libro. No, por supuesto,
al final del camino de comprensión que hemos intentado aquí con respecto a la psicopatología. Pero sí al
final del libro.

Y, llegando al final, una pregunta retorna. Y retorna
desde el inicio. Pero no desde el inicio de este libro sino
desde el inicio de toda nuestra postura, la de la Mirada de las Escenas Matrices y, si se quiere, desde toda
postura que se piense a sí misma como humanística.

La pregunta es: Si el ser humano es básicamente bueno ¿cómo podemos explicar el daño? ¿Cómo podemos
explicar el evidente daño que el sujeto hace al otro y,
por lo tanto, también a sí mismo?

Y entonces retornamos a lo primero que hemos visto
en este recorrido y vemos que los Cuadros Psicopatológicos son el lugar en el que están más enquistadas las
Escenas Matrices de la infancia que aún no han sido
sanadas por el sujeto. Y que, en estas Escenas Copia
de aquellas Escenas Matrices, el sujeto decide. Decide,

aunque no se dé cuenta de qué manera o con qué consecuencias, pero decide.

Entonces, cuando decide desde este lugar, decide también llevar a cabo movimientos que lo dañan. Que lo enferman, que lo angustian.

Y es aquí en donde intentaremos pensar de qué manera el sujeto lleva a cabo estos movimientos que al final, lo enferman confiando en que, si conseguimos entrever por qué el sujeto se hace daño a sí mismo también podremos comenzar a pensar por qué le hace daño a un otro, en lo fundamental, a un otro a quien muchas veces también ama.

Es aquí donde, por supuesto, tenemos que pensar en los padres. Porque somos los padres los primeros que dañamos. Somos los padres quienes dañamos a nuestros hijos. Somos los padres quienes amamos a nuestros hijos, sí, pero también quienes los dañamos.

Por eso, si podemos acercar algo de la comprensión a por qué los padres dañamos a nuestros hijos quizá podamos comenzar a pensar por qué nos dañamos a nosotros mismos y por qué dañamos a un otro, quizá a quien también amamos.

Allí vamos, en busca de la última escala de nuestro viaje. Al menos de este viaje.

La Perversión

Y así, para poder intentar explicar por qué los seres humanos nos dañamos a nosotros mismos y, por ende, dañamos a un otro, intentaremos explicar qué es la perversión, al menos desde nuestra postura.

Para ello, intentaremos explicar la perversión de los padres ya que, si conseguimos explicar la perversión de los padres hacia los hijos (es decir el daño que los padres hacen a los hijos) conseguiremos explicar, de alguna manera y al menos desde la perspectiva teórica, la perversión del mundo.

¿Por qué? Porque si conseguimos explicar el daño que se hace a quien más se ama, conseguiremos explicar cualquier otro daño.

Para ello comenzaremos diciendo que un Padre/Madre, en tanto ser adulto, tiene en su historia (como cualquier otro adulto) un Nene/a que, de una manera u otra fue herido y que en algún punto aún no está sanado.

Y, por supuesto, este Padre/Madre (como cualquier otro adulto) puede llevar a cabo diversas maneras para no contactar con ese Nene/a herido. En este sentido, la "gran" manera suele ser tener un hijo/a, al menos de momento. ¿Por qué? Porque el tener un hijo/a constituye una experiencia de una intensidad tan alta para los padres que, al menos por un tiempo éstos (la madre siempre un punto más que el padre) quedan "tomados" por su hijo/a. Es decir que toda la energía y la atención de los padres por un tiempo va hacia el hijo. Esto, por supuesto, es lo saludable también para el hijo/a en sus primeros tiempos de vida.

Lógicamente, a medida que este hijo/a va creciendo, lo saludable para él es vincularse de modo paulatino con el mundo y con el otro, para lo cual necesita padres que lo ayuden a esa vinculación y que, de la misma forma, vayan corriéndose del foco de su hijo/a. Es decir que lo saludable para el hijo/a es que el padre/madre se vaya corriendo de su foco y, a la vez, que los padres vayan corriendo al hijo de su propio foco (el del Padre/Madre).

Lo que en este momento comienza a suceder es que, a medida que el hijo/a va siendo corrido del foco del Padre/Madre a cada uno de éstos le vuelve a quedar, digámoslo así, a la vista el propio Nene/a herido y aún no sanado.

Y es aquí donde puede aparecer lo que hemos denominado perversión y a la que definiremos como aquel movimiento (inconsciente) del Padre/Madre que consiste en utilizar al hijo/a con el fin de no ver al propio Nene/a herido.

Este movimiento (inconsciente) siempre, en definitiva, dificulta y/o impide el vínculo del hijo/a consigo mismo, con el otro y, en definitiva, con el mundo y deja al hijo/a sólo vinculado con el Padre/Madre.

Por supuesto, esto puede darse en un punto menor y casi sin importancia o en toda la vida del hijo y por supuesto no es lo mismo una cosa que otra. Sin embargo, no es esto lo que nos interesa aquí ya que el movimiento perverso nos es un movimiento cuantitativo sino cualitativo que se expresa en diferentes cantidades en diferentes sujetos.

De esta manera puede sostenerse la existencia del daño con la no existencia de la mala intención. Porque la intención (inconsciente) del Padre/Madre cuando lleva a cabo un acto perverso no es dañar al hijo sino no ver a su propio Nene/a herido. Y esto es fundamental porque cuando, desde el rol de terapeuta, comenzamos a plantearle al paciente, de diferentes maneras la perversión del Padre/Madre (o uno se plantea a sí mismo la perversión de su propio Padre/Madre), siempre hay un momento en el que el paciente dice "Bueno, pero no tenía mala intención" o "Bueno, hizo lo que pudo". Y es verdad, no tenía mala intención e hizo lo que pudo, lo que no le evita el acto perverso. Porque, como hemos visto, la perversión es un movimiento que no se lleva a cabo para dañar (es decir, con la intención de dañar) sino que se lleva a cabo para evitar ver al propio Nene/a herido, para lo cual es necesario utilizar a un otro a tal fin.

Así, el hecho de deslindar la perversión de la intención instaura una cuestión teórica básica para poder seguir sosteniendo a la vez la perversión y la bondad esencial del ser humano. Esto es así porque, ni bien incluimos la intención como motor del movimiento perverso, el sujeto perverso se transformó en malo. En cuanto el sujeto perverso se transforma en malo será imposible sacarlo de ese lugar. Y así, si nombramos al Padre/Madre del paciente como "malo" entonces nuestro paciente también se sentirá malo en otras situaciones y no nos será posible ayudarlo a salir de allí.

Ahora bien, si no admitimos la perversión (siempre entendiendo perversión como aquel movimiento inconsciente que se lleva a cabo para no ver al propio Nene/a herido y para lo cual se utiliza a otro), entonces no podremos nombrar al Padre/Madre como "perverso" y entonces no podremos ayudar al paciente a habitar el enojo adulto con el Padre/Madre y, por lo tanto, no podremos ayudarlo a salir de diferentes Escenas Matrices con los padres y estas escenas se le repetirán hoy como Escenas Copia en su vida cotidiana.

Esto es, en definitiva, el Cuadro Psicopatológico: La perversión del Padre/Madre repetida una y otra vez por el sujeto hacia sí mismo que se ha enquistado de tal manera en el Ejecutante (el Nene/a en el interior del sujeto) hasta armar un cuadro que hoy denominamos de una manera determinada.

Y no sólo eso, sino que, además, lo que se ha enquistado de esta manera es un solo cuadro: Depresión. Porque, en definitiva, ese Nene/a siempre está deprimido (por el Padre/Madre Malo). Mientras que todos los otros cuadros son intentos (diríamos desesperados) de ese Nene/a que se encuentra en el interior del sujeto por salir de esa Depresión, siendo en este movimiento como el hámster en la rueda, girando y girando y girando en un movimiento que promete (por el Padre/Madre Bueno) salida y que lo deposita siempre en el mismo lugar, sólo que cada vez más agotado, más atónito y más deprimido.

Esto es, desde la Mirada de las Escenas Matrices, la psicopatología.

Y aquí vamos, quienes trabajamos desde esta mirada, a dar un paso más en la profundidad de este pozo, para, paso a paso, palmo a palmo, ayudar a ese Nene/a a salir del pozo para vincularse con la vida.

Para lo cual habrá que descender al propio pozo. También paso a paso y palmo a palmo. Y habitarlo, sentarnos allí, contactar con ese pequeño ser que aún está allí. Y traerlo de a poco al hoy, a la vida presente.

Es un trabajo maravilloso. La vida se nos va en eso. Nunca termina. Siempre se puede un pasito más.

Y está bien.

Ese otro

Ese otro que es mi paciente

Ese otro que soy yo en el otro

Ese que me cuenta, se me muestra y se me oculta

Se devela y se esconde

Ese otro que es mi espejo

Un otro que no soy yo

Y soy yo

Y no soy yo

Y soy yo

Ese hermano

Un nuevo (no) final

Terminar un libro es una manera de intentar cerrar algo que queda abierto.

Y está bien que sea así.

La Teoría de la Mirada de las Escenas Matrices no es lineal.

Tampoco es circular.

Es lineal y circular. Y también tiene otros movimientos.

Es compleja.

Se encuentra en los libros (Sanado al Niño que fui, Temas Humanos), en los Seminarios, en las clases de la Formación, en los Talleres de Escenas Matrices, en las Charlas de los Temas Humanos, en las Charlas Humanas…

y ahora también en este libro.

Es como poner un objeto en el centro de la mesa y mirarlo.

Y dar vueltas para verlo desde otra óptica, y luego desde otra y otra.

Y cada mirada complementa algo, completa algo, aporta algo.

Pero nunca se lo ve del todo

y está bien que sea así.

Para ello giramos (lento). Y damos vueltas (lentas)
Para ver un poco más.
Saber un poco más
y preguntarnos también un poco más.

Para eso damos una vuelta más.

Eso es este libro:
una vueltita más.

Índice

www.ingramcontent.com/pod-product-compliance
Lightning Source LLC
Chambersburg PA
CBHW020323160726
47992CB00004B/1671